Jan Müller

Der Kreis der Augenblicke

Gedichte und Kurzprosa

Copyright © 2015 Alfa-Veda-Verlag
5. Auflage August 2019
Titelbild: Jan Müller
Umschlaggestaltung und Satz: Jan Müller
Taschenbuch ISBN: 978-3-945004-14-2
Hardcover ISBN: 978-3-945004-30-2
www.alfa-veda.com
alfa-veda@email.de

Inhalt

II. Prosalyrik und Kurzprosa

Zum Geleit: Der quantenlyrische Augenblick

221. Der Geruch der feuchten Kieselsteine
222. Ich bin in Zeit getaucht aus alter Sagensphäre.
223. Ich hatte mich in einem Haus verirrt:
224. Es knisterte, ich lag im Schaum.
225. Meine Jacke ließ ich an der Garderobe
226. Wenn das Publikum den Saal verlassen hat
227. Winzig klein bin ich geworden
228. Am Wegesrand stand sie
229. Jeden Morgen bündelt sich mein Blick
230. Ich saß in der Halle der Stille,
231. Eben lag ich wie ein Käfer auf dem Boden.
232. In einem offenen Gebäude wohne ich,
233. In den höchsten Kirschbaumwipfel stieg ich,
234. Heute beginnt das Leben in der Taubstummenstraße
235. Wenn der Sumpf der Täler schrumpft
236. Die grüne Heimat winkt.
237. Es schrumpft in mir der laute Mensch,
238. Ein Handschuh, schlammverkrustet, lag ich da.
239. Die Stimme tönt so fern, so leise,
240. Im großen Scherbennetz lag ich
241. Wenn die Scheuklappen fallen,
242. Ich stehe in einer offenen Tür,
243. Hilflos steh ich plötzlich da.
244. Sinnend sitze ich am Lagerfeuer,
245. Wenn die Stimme, die ich höre,
246. Was so alles durch den Rücken treibt.
247. Ach, erwache ich nun endlich
248. Warum wird es nicht mehr dunkel,
249. Die Zeit läuft rückwärts,
250. Wenn ich auf dem Weg nach innen
251. Reue brennt mir durch die Knochen,
252. Manchmal schwimmt mein Intellekt davon
253. Reglos lieg ich auf dem Bett,

254. Immer weiß ich, dass der Staub vergänglich ist.
255. Das wohlgeformte Alte Jahr wird eingeschmolzen.
256. Ich war ein dicker, roher, schwarzer Klumpen,
257. Das ist mein Herbst,
258. Bin unter Maikäfern im Schuhkarton.
259. Das einstudierte Puppenspiel
260. Das letzte Puzzlestückchen
261. Plötzlich fallen alle Vasen um.
262. Und auf einmal steh ich neben mir,
263. Fragend stehe ich am Waldesrand.
264. Spürst Du das Wehen in der Mitte Deiner Brust?
265. Wer ist es, der mich schamlos in die Arme nimmt?
266. Da öffnet sich die schlichte alte Pforte,
267. Der Trupp der Roboter, der uns in Schach hielt,
268. Du siehst, es flackert Licht von innen.
269. Spreche ich zur Stimme meines Herzens?
270. Die weiße Leinwand, die ich anfangs sah
271. Meine schönen Kartenhäuser!
272. Siehe, wie sich doch Erkenntnis
273. Manche Dinge, die ich sehe, rieche, fühle
274. Liegt ein winzig kleiner Punkt vor mir
275. Auf dem Wege aufwärts war es
276. Die blaue Flamme zehrt meine Schlacke
277. Meine Blüten springen auf
278. Langsam wachse ich hinein in jenen Garten
279. Auch ich weiß, so wie Sokrates, von nichts
280. Und ist der Traum auch noch so wahr
281. Heute Nacht, da sprach mein Herz zu mir
282. Wenn ich diese irreale Traumwelt sehe
283. Und wieder reißt ein Körper ein und bricht
284. Heute Morgen lag mein Körper
285. Und ich falle durch den Blätterteig
286. Und ich sitze im Aquarium

I. Gedichte

To see a world in a grain of sand
and heaven in a wild flower.
Hold infinity in the palms of your hand
and eternity in an hour.

Die Welt in einem Körnchen Sand,
den Himmel in der wilden Blume sehen,
Unendlichkeit in deiner offenen Hand
und Ewigkeit im Augenblicksgeschehen.

– William Blake (1757-1827)

Für den Dichter
in dir
von der Dichterin
in mir.

Zum Geleit: Des Schöpfers Atemzug

Im Herbst 1970 hörte ich von einem Wesen, das beim Ausatmen durch seinen Odem die ganze Schöpfung erschafft. Atmet es ein, geht die Schöpfung wieder in ihm auf.

Dieses Bild traf mich wie ein Blitz. Wie fühlt sich wohl ein Wesen, das in einem einzigen Atemzug die gesamte Schöpfung entstehen und vergehen lassen kann? Und wie fühlen sich die Geschöpfe, die es mit seinem Atem erschafft und beim Einatmen wieder einsaugt? Diesen ewigen Kreislauf zwischen Individuum und Verschmelzen mit der Allseele, den jedes Geschöpf, jedes Teilchen, jede Galaxie als Lebensspanne durchläuft, wollte ich gerne beschreiben.

Ich war zu der Zeit auf einem internationalen Meditationskurs in Kössen, Österreich, und hatte einige Stationen auf dem Weg zu meinem Ursprung bereits durchlaufen. Aber zu mehr als kurzen Momentaufnahmen meiner Reise nach innen war es nicht gekommen.

Fast ein halbes Jahrhundert später finde ich endlich die Ruhe, die Stationen meiner Seelenreise zu einer bunten Perlenkette aufzureihen: Szenen aus dem Alltagsleben in kurzer Prosa, Träume in ihrer eigenen Rätselsprache, und Augenblicke, in denen die klassische Sicht der Welt zerbricht und neuen quantenlyrischen Innenwelten Raum gibt, in der dichten Sprache, in der Klang und Form genauso verschmelzen wie die kleine Seele mit dem großen Selbst.

Diese Blütenlese können Sie auf Wunsch der Reihe nach lesen oder wie ein Lesebuch an einem beliebigen Augenblick aufschlagen. Um das Wiederfinden eines Textes zu erleichtern, sind die Anfangszeilen im Anhang alphabetisch aufgelistet.

Möge dieser „Kreis der Augenblicke" Ihnen helfen, schlummernde Erinnerungen, Ahnungen und die Sehnsucht nach Selbsterkenntnis wieder zu erwecken.

— Oebisfelde, im Dezember 2015

1. Ich kann Dir heute nicht in Prosa schreiben.
Der Reim hat mich gepackt.
Er zwickt und zwackt.
Warum sich also sträuben?
Soll er bleiben.

Du weißt vielleicht: Ich habe eine Feder,
die mir vor Jahren in die Hände flog
und meine Finger sacht bald stet und steter
im Tanze bog
und enger an sich zog.

Die Finger und die Feder, diese beiden,
vertrieben ihre Flitterwochen wild
mit Tänzen über Berge weißer Seiten
und lernten aus der Nähe in die weiten
vergessnen stillen Täler abzugleiten
und dort in kühlen Einsamkeiten mild
ganz eng sich anzuschmiegen und zu leiden.

Auf weiße Blätter legte sich die Saat.
Die Keimung ließ nicht lange auf sich warten
und schoss wie Kraut und Rüben aus dem Garten.
Ich musste Unkraut jäten, rabiat,
was übrig blieb, war nur das Konzentrat.

Inzwischen habe ich genug Vertrauen,
Dir neben leichten, lockeren und lauen
Gedichten auch die dichteren zu zeigen,
die tiefer in den Grund der Seele steigen
und künden, wie ich starb, warum ich lebe,

warum ich nicht mehr so am Boden klebe
und heute mehr zu hellen Welten strebe.

Ich habe einige Gedichte ausgewählt,
aus denen die Geschichte sich erzählt,
wie ich den dichterischen Weg beschritt
und auf dem lichten Steg zum Himmel ritt.

Ich hoffe, sie gefallen Dir. Bis bald.
P.S.: Am Anfang war ich ziemlich alt.
Doch bald schon siehst du, wie die Feder sich verjüngt
und ihre Lieder jung und jünger singt.

2. Du denkst, ich schriebe dieses Lied für eine andre,
weil es in dieses Album eingereiht.
Bin ich ein Dieb, dass ich zu vielen wandre?
Noch keine hab ich darin eingeweiht.

Zwar hörten meine Stimme viele Frauen,
doch spürte ich zu keiner das Vertrauen,
dass ich ihr solche Worte sagen kann.
Sie würden lachen über einen Mann,
der ihre Seele zwar poetisch liebt,
doch ihrem Körper nie die Hände gibt.

Bei Dir jedoch empfind ich: Du lebst rein,
in hoher Liebe, und das lädt mich ein,
zu sehen, ob es möglich ist, auf Erden
mit einer zweiten Seele eins zu werden.

Aus Deinen Worten hallt ein Hauch herüber,
auf den ich lange Jahre wartete.
Ich sehnte mich nach einem Gegenüber,
das ganz nach meinem Blute artete.

Ich hatte dieses Sehnen längst vergessen.
Ich dachte nicht mehr, dass es möglich sei,
war ganz auf Ungebundenheit versessen
und fühlte mich alleine stolz und frei.

Doch kürzlich, als dein erster kleiner Brief,
in Blau gekleidet, blumig duftend rief,
nach einer unscheinbaren Kleinigkeit verlangend,
erlebte ich, mich wundernd, fragend, bangend,
mir ungewohnte, blühende Gedanken.

Der Stolz, die Strenge kamen mir ins Wanken,
weil unverhofft ein Ahnen in mir floss,
als wittere mein Pferd ein Flügelross.

Für dieses Flügelross ist dies geschrieben.
Kannst Du es reiten, können wir uns lieben
und nehmen gleich auf unsrem Wolkenritt
die ganze sehnsuchtsvolle Erde mit.

3. Deine Haare sind lang
und Dein Stöckelpfennigklang
spielt Flamenco auf dem Pflaster – das bist Du.
2.
Und am Kurfürstendamm
steht der Leierkastenmann
und er dudelt stummen Blicks sein Lied dazu.
3.
Und ich lehne glatzenkahl
schräg am Gaslaternenpfahl
und das Wagenknarren lässt mir keine Ruh.

4.
Und dann gehst Du voran
und ich humpel hintendran,
bis der Autolärm am Wiesensaum verhallt.
5.
Streifst die Stöckelschuhe ab,
und der Regen klatscht herab,
und gehst barfuß durch das nasse Gras zum Wald.
6.
Und ich humpel hinterher
und ich tu als wenn nix wär
und ich sehe Deinen Schatten grau im Mond.
7.
Und du bleibst vergessen stehn,
bis wir beide weitergehn,
einer langen, einer kurzen Schritts zu zweit.
8.
Und wir kommen an den Hain,
keiner fühlt sich mehr allein,
und der Kasten und das Pflaster und die Zeit
9.
sind vergessen und verhallt
hier im Moschusochsenwald,
wo die Milchkuh mit dem Auerochsen wohnt.
10.
Und vergessen ist der Stöckelpfennigschuh
und wir stehen barfuß rum –
ich und Du.

4. Was hab ich gemacht?
Ich bin ein Verbrecher.
Ob Gott mich jetzt noch liebt?
2.
Das Fleisch ist schwach
und wird immer schwächer.
Wer sagt, dass es Gott gibt?
3.
Wer hat ihn gesehen?
Ich kann nichts dafür.
Ich habe keine Kraft.
4.
Wie soll ich verstehen,
dass Gott sich in mir
den wilden Wüstling schafft?
5.
Ich bin ihm böse,
er liebt mich nicht!
Was hab ich ihm getan?
6.
Ich dämmer und döse
so vor mich hin.
Was ist da Schlechtes dran?
7.
Die Größe Gottes,
sie müsste doch
mich aus dem Joch befrein,
8.
dem Joch des Bankrottes,
dem Jammerloch,
dort will ich nicht mehr sein.

9.
Wer hat sie gemacht,
die düsteren Löcher,
die es auf Erden gibt?
10.
Was hab ich gemacht?
Ich bin ein Verbrecher!
Ob Gott mich jetzt noch liebt?

5. Zweitausend Jahre lang hat Leiden
aus Furcht vor Gott die Welt bedrückt.
Nun werden wir mit Heidenfreuden
durch Gottes Liebe neu beglückt.
2.
Schon ahnen wir die süße Sonne,
das urvertraute Angesicht,
die alte wohlig-warme Wonne,
die wieder durch die Wolken bricht.
3.
Die Kraft der Liebe ist gestiegen,
der Frieden hat die Welt berührt,
der uns in weichem Wonnewiegen
zurück zur großen Einheit führt.
4.
Die Sehnsucht nach der alten Einheit,
die wir erfuhren vor dem Fall,
führt unsren Trieb zur höchsten Reinheit,
bis wir verschmelzen mit dem All.
5.
Dann findet jeder seinen Himmel,
wo goldne Wonne ihn durchglüht,
stimmt ein ins freudige Getümmel
und singt, wie ihm der Himmel blüht.

6. Erinnerst du dich noch daran:
Die allerschönsten Stunden,
die waren, wenn sich Frau und Mann,
nachdem sie sich verbunden,
im liebevollen Zwiegespräch
das Innerste erzählten.
Wenn man dem Auserwählten
das Herz ausschütten kann,
wenn unsre Seele überfließt,
bis alles ausgeschüttet ist
dann kommen wir an uns heran
und haben uns gefunden.
Wie hohl und leer dagegen ist,
wenn man sich nachts zwar wütend küsst
und hat sich doch seit Tagen
rein gar nichts mehr zu sagen.
Dann wird die Liebe nicht mehr alt,
die Glut wird kalt.
Die Bindung bricht,
weil keiner spricht.

Das Sagen zwischen beiden
hält die Verbindung dicht.
Kaum kannst Du unterscheiden:
Bin ich es oder nicht?
Die Dichtung ist die Brücke,
durch die die Seele fließt
und fließend sanft die Lücke
von Seel zu Seele schließt.

Bin ich in kalter Nacht erneut erwacht?
Hab ich Dir, wenn ich dürste, nicht zuviel
gezeigt von dem geheimen Spiel,
das sich in mir entblättert und entfacht?

7. Liebe, die nur körperlich,
ach, wie schal betört sie Dich.
Doch wenn nahe Seelen sprechen,
sich die Knospen tastend brechen,
bis sie blühn vor Poesie ...
Solche Liebe, endet die?

Wüsstest Du, was ich erlebe!
Schon Dein Dasein macht mich froh,
dass ich friedevoll erbebe,
einfach so.

Unsre Seelen nur verkehren,
schmiegen sich im Liebeswahn,
wenn sie sich in Liedern ehren,
biegsam aneinander an.

Und ich weiß, wenn Du erwachst
fühlst Du Dich beglückt,
so als hätten wir uns nachts
fest ans Herz gedrückt.

8. Der Mensch, der wähnt, er sei allein,
will dicht an dicht beisammen sein,
wenn Gleich an Gleichem dicht an dicht
beisammen ist, dann friert er nicht.
Der Erdenmensch in seinem Drange
hat eben irdische Belange.
Er will sich füllen, will sich leeren,
will sich vereinen, sich vermehren,
will immer mehr und mehr und mehr,
will völlig voll sein, völlig leer.

Denn darum drängt sich ja die Fülle
in diese enge Erdenhülle,
damit der Drang von Frau und Mann
sich stillen und erfüllen kann.

9. Jeder Abschied ist ein kleiner Tod,
grade, wenn du noch nicht weißt, wohin es geht.
Der gewohnte Duft, der uns umweht,
bleibt zurück, wir fallen in die Lücke,
fallen strudelnd durch die Augenblicke,
sehen, wie der Stern sich weiter dreht,
suchen zaghaft eine neue Klause,
finden endlich wieder ein Zuhause.

Da erschallt der Ruf erneut: „Komm mit!"
Etwas in uns drängt zum nächsten Schritt,
und wir wissen nicht, wohin es geht ...
Ach, der Abschied, diese Seelennot!

10. Ach, nun stehe ich
wieder da.
Einsam sehe ich:
Unser Ja
in dem seligen
Augenblick
aus unzähligem
Liebesglück

war im Zeitenkreis
nur ein Stück
und kommt – ach, wer weiß –
nie zurück.

Trübe schaue ich
in den Kreis
fische leer herum
nach dem Speis
der zerbröckelte
und zerrann
als es rüttelte
und begann.

Es zerstückelte
meine Wand.
Ich erzitterte
und ich fand
keine Speise mehr
die mich nährt.
Wo ist Liebe, die
ewig währt?
Wenn doch Liebe nur
ewig bliebe!
Ich verschriebe mich
dieser Liebe!

Urgetriebe!
Auf dich baue ich.
Mutter Allnatur
Dir nur traue ich
um und um.

11. Die Sehnsucht nach Wissen hat sich vertieft.
Die Seelen streben nach Einheit.
Die spröde Welt ist saftiger geworden.

Wer gestern noch nach Gift und Waffen rief,
sehnt sich im Innersten bereits nach Reinheit.
Es grünet jetzt auf Erden allerorten.

Natur wird nicht mehr so getreten wie bisher.
Das Schild beim Nachbarn: VORSICHT BISSIG! ist ver-
schwunden.
Ost-West fällt sich beim Wettkampf in die Arme.

Raketen tauchen tief ins blaue Meer.
In Liebe haben Seelen sich gefunden.
Vereiste finden in die Stube, in die warme.

Nun lasst uns bauen, keine Zeit verschwenden,
bevor die kurzen Lebensspannen enden.
Lasst uns zusammenziehen
und im Kreis erblühen!

12. In stiller Nacht
bin ich erwacht,
mein Denken war
so sternenklar,
nichts hat gestört,
was man sonst hört,
ich lauschte still
nach innen, was der Schöpfer will.

Gebettet in die Ewigkeit
stand alle Zeit.

So war
das Jahr
zu Anbeginn.

Doch ach, wie schnell
das Karusell
sich wieder dreht,
die Nacht vergeht,
die Wochen ziehn
wie Wolken hin,
bis auch dies Jahr
wie Wind verweht,
das Zeitrad wieder stille steht,
und ich erneut
still in die Nacht
lausche, wie sich der Schöpfer freut
und lacht.

13. In meinem Herzen wächst ein Busch von Ginster,
der seine gelben Blüten nach Dir reckt
und seine Zweige in die Deinen steckt,
in Deinen Busch aus rötlichem Oleander.

Ich weiß, da ist ein Herz, das darf ich tränken,
und wie die Zweige unsrer Büsche sich verschränken,
entsteht EIN Busch, die Blüten wehen ineinander,
mein Blütenstaub bestäubt die helle Nabe
in deinen Blüten mit der Liebesgabe,
und unser beider Welt ist nicht mehr finster.

14. Die Brücke der Worte
spannt sich von hier
in deutlich strahlendem Bogen
über die Orte
bis zu Dir,
und zurückgeflogen
kommt aus Deinem Herz zu mir
über diese Brücke
eine Wärme, die mich fängt,
sich um meine Schultern drängt
und im Glücke liebend meine Zunge lenkt.

Schon spüre ich, wie Deines Herzens Beben
mich füttert und aus meinem Munde spricht,
das Band von Dir zu mir füllt mich mit Leben,
dass mir die rauhe, harte Borke bricht.

15. **Du denkst, du spielst mit dem Gedanken,**
doch der Gedanke spielt mit dir.
Er scheucht dich auf, bringt dich ins Wanken.
Du spürst nur: Etwas wühlt in mir.

Wir nehmen einen Ball zum Spielen,
doch sieh: Es ist ein Luftballon.
Wir wollten nur zum Tore zielen,
doch der Ballon trägt uns davon.

Trägt uns in Welten ohne Schranken
ans alte, längst vergessne Ziel.
Einst warst du Spielball der Gedanken.
Nun bist du selbst Gedankenspiel.

16. **Ein kreisend Lied ist immer rund und ganz,**
es schließt im Kreis den ganzen Schöpfungstanz
vom Ursprung durch die Himmelswelt zur Erde,
wo es den Leser greift, damit er werde,
was er von Anfang an gewesen war.

Dem Leser wird es erst beim Lesen klar,
wie er sich angehoben fühlt im Lied –
gleichgültig, wo er steht und was er sieht –,
wie die Erinnerung ihn einwärts zieht,
bis seine Seele wieder voll erblüht.

17. In meinem Schädel breitet sich
ein rundes Firmament.
Es rundet sich und weitet sich
in Weiten, die man kennt,
wenn man auf weiße Wolken sieht,
die überm Meere ziehn,
wenn alles Feste uns entflieht,
selbst Bergesspitzen fliehn.
Ich tauche in die feine Sphäre.
Ich keime, gurgele und gäre.
Da brutzelt noch das Bretzelfeld.
Es knuspert meine Rätselwelt.
Die Zeiten sind dahingesandet.
Sieh da – ich bin gelandet.

18. Es fließt etwas von mir zu Dir,
ich weiß nicht, was es ist.
Ich spüre nur das Fließen,
und dass es eben fließt.
Wenn Du dasselbe Fließen spürst,
dann sind wir nicht allein.
Was könnte dieses Fließen
wohl sein?

O Mutter, Göttlich Eine,
ich kann doch nichts dafür.
Der Fluss, der golden-reine,
fließt zu Dir.

Kann ich mit dir mich einen,
ist meine Sucht gestillt,
die Sucht nach Dir,
die Suche nach der Reinen.

19. Vor dem Tor der Ewigkeit
plätschert leis ein Bach,
und ich wate durch die Zeit,
kühl und munter – ach.

Jetzt schlüpf ich ins Tor hinein.
Ist es wirklich wahr?
Helles, gelbes Urgestein,
glatt und glänzend klar.

Bächlein murmelt gar nicht mehr.
Still ist es. Ich höre,
ja – nach langer Wiederkehr –
wieder meine Chöre.

20. Lass unsre Liebesglut nicht
im Strudel des Alltags versinken.
Lass uns nicht wie die Diebe
heimliches Diebesgut trinken.

Lass unsre Liebe weit
über die Wälder dringen,
weit über Raum und Zeit
soll sie erklingen.

Bis zum entferntesten Stern
über Jahrtausende hin,
mag jeder wissen, wie gern
ich bei Dir bin.

Ohne im Körper zu sein,
sind wir verbunden,
haben uns ohne den Schein
innen gefunden.

21. Wie hell der Mond in meine Stube scheint,
bescheint den Mann, der still ins Kissen weint.
Der Duft von Deinem Tuch erfüllt den Raum.
Den Abschied und die Trennung spür ich kaum.
Ich liege wach und träume,
dass meine Liebe schäume
von mir zu Dir.
Ich singe sacht die Lieder,
sie dringen wie der Flieder
von mir zu Dir.
Und doch geschieht das alles
im Falle eines Falles
allein von hier nach hier.

22. Ich haste durch das Hamsterrad
und komme niemals an,
weil ich, so sehr ich auch auf Draht,
kein Ende finden kann.
Ich renne schnell und schneller
durch dieses Karusell,
es schwirrt wie ein Propeller
rasend schnell.
Wie komme ich hier wieder raus?
O Graus! Ich gebe auf,
der irre Lauf
gibt keinen Sinn.
Ich bleibe stehen,
hör auf zu drehen
und verschnauf.
Ich mach die Augen zu.
Jetzt hab ich Ruh.
Wie still ich bin.

23. **Anbei eine kleine Kunde**
aus dem Himmelchen in mir,
das sich rundet und gesundet
in der schönsten Gartenzier.

Darin hab ich einen Dichter,
Soma Pegasus, entdeckt,
der in andrer Form, so spricht er,
auch in Deinem Himmel steckt.

Dieser Soma Pegasus
ist der reine Somafluss,
den wir in uns selbst beleben,
wenn wir hoch und höher schweben,
bis wir oben sind. –

Guten Tag, Mein Kind!

24. **Als ich noch hinter dem Monde war,**
da war es so ruhig und still,
der Himmel war nahe und sternenklar,
vom Erdenrund sah ich nicht viel.

Ich badete mich im Mondenlicht
und hatte nicht viel zu tun.
Die eilige Erde störte mich nicht
im Rhythmus von Schaffen und Ruhn.

Da taten sich meine Augen auf,
die Ohren vernahmen von weit
die alten Lieder vom Weltenlauf
im Spiegel der Ewigkeit.

25. Ich hab im Traum
die erste Nacht
mit dir verbracht.

Mit dir vereint
hab ich geweint
und auch gelacht.

Hab dich geküsst,
allüberall,
so wie du bist.

Ich wünsche mir,
dass auch in dir
die Rose blüht
und wie bei mir
in deiner Brust
der Funke sprüht,
der unsre Lieb-
und Lebenslust
vereint entfacht.

Ich danke dir,
dass du zu mir
gekommen bist,
weil der Moment,
in dem du kamst,
mein schönster ist.

26. Wenn aber die Natur mir winkt
und mit den schönen Augen blinkt,
was mach ich dann?

Wie rettet sich der brave Mann,
wenn die Natur, ihm zugeneigt,
den Busen zeigt?

Ich lass es mir gefallen
und sinke tief hinein,
denn schließlich soll in allem
doch Glück und Freude sein.

Und ich umarme die Natur,
wie sie sich gibt,
als tausendfältige Figur,
die nährt und liebt.

27. Hab stets im Laster die Lust gesucht
und ward stets neu enttäuscht.
Stets war sie bald verraucht, verrucht.
Wem nie die Stille deucht,
der findet nie die höchste Lust,
die ihn auf Dauer stillt
und wie ein Kind an Mutters Brust
in Brunst und Wonne hüllt.
Die Stille ist die wahre Lust,
die jeder sich ersehnt,
die ihn umschmiegt, ihn liebend küsst
und ewig neu verwöhnt.

28. Wenn der Teufel zwickt und zwackt,
lass ich ihn ruhig zwicken.
Wenn er mich von vorne packt,
weis ich ihm den Rücken.
Wenn er mir im Nacken sitzt,
schüttele ich mich,
und schon ist er abgeblitzt,
knurrt und krümelt sich.
Manchmal zwickt er fürchterlich,
hört und hört nicht auf.
Also gut, dann füg ich mich,
nehm es halt in Kauf.

29. Geheimnisse tauschen,
dem Heimlichen lauschen,
wie ist das schön.
Das heimische Flüstern
zwischen Geschwistern,
die sich verstehn.
Etwas erklären,
was nur uns Bären
verständlich ist.
Etwas verstehen,
weil Du dem Wehen
erkenntlich bist.
Brüderchen, Bester,
Schwesterchen, Luder,
wer kann verstehen,
wenn sich der Bruder,
wenn sich die Schwester
wiedersehen?

30. Als der Mond so trunken war,
gingen wir ins Feld.
Welches Fühlen! Wunderbar!
Neu erblüht die Welt.

Wie der Sternenhimmel winkt,
mit den Lidern blinkert
und versonnen zwinkert,
bis der Wald versinkt!

Wie die Mondesmilch sich warm
über uns erbreitet.
Wie die Welt sich weitet,
Arm in Arm!

Könnte dieses Wehen,
das aus Liebe reift
und die Welt umgreift,
nie vergehen!

31. Ich möchte gerne in die tiefsten Tiefen
der Liebe dringen, bis ich Dich erreiche,
bis wir gemeinsam von der Tiefe singen,
wo eine Seele sich der andern gleiche.

Ich stehe machtlos, schmelze vor Dir hin,
und doch, so machtvoll war noch nie mein Sinn,
dass er so voll aus dieser Tiefe schöpfen kann.
Ich bin geöffnet, tief und zart, ein offner Mann.

32. Ich möchte gerne mehr von dem,
was in Dir steckt, erfahren
und Dir, was in mir selber steckt,
noch tiefer offenbaren.

Die Sprache ist das Flügelpferd,
auf dem Bewusstsein reitet,
auf dem die Seele, die verehrt,
zur andren Seele gleitet.

Und ist sie bei ihr angelangt,
schlüpft sie sofort hinein.
Zwei Seelen ineinander,
was könnte schöner sein.

33. Von Dimension zu Dimension
durch weite Welten schreiten,
im Ober- und im Unterton
durch Sphärenräume gleiten.

Und Felder öffnen sich und dehnen
und falten neue Buchten auf,
und Echowände, Schluchten gähnen
und flöten hellen Farbenlauf.

Und wie das Echo leiser hallt
und fein und feiner schwingt,
erkenne ich die Urgewalt:
Die reine Stille singt.

34. Das Weibliche beginnt mich zu umwehen
und macht den Herbst mir mild und frühlingsgrün.

Ich könnte ständig wieder neu vergehen
von diesem linden Duft, dem süßen Ziehen,
das meine Lippe immer neu beflügelt.

Und meine Zunge aalt sich ungezügelt
in diesem wonneweichen Frühlingshauch.

Ich weiß nicht. Wohl ist mir.
Spürst Du das auch?

35. Unter tausend Decken
hältst Du Dich versteckt,
dennoch hab ich einen Hauch von Dir entdeckt.

Nur um mich zu necken
sparst Du mit den Reizen
wissend, sie gewinnen durch Dein Geizen.

Einmal, durch die Hüllen,
wundersame Braut,
sah ich für Sekunden Deine Haut.

Da, noch ganz im Stillen,
fing mein Lieben an,
das alleine Dich enthüllen kann.

36. Ich schaue sinnend auf die Blumenwelle,
der dichte Blütenteppich wellt sich reich,
die Mitte öffnet sich, es glitzert helle
der goldne Sonnenspiegel, sehmig weich.

Ein weißes Feuerwerk steigt sanft nach oben,
dehnt sich als weiter Wolkenbaldachin,
ich finde mich, noch ehe er zerstoben,
von ihm gehoben – eingehüllt in ihn.

37. Altes Gemäuer
wirkt ungeheuer
auf meine Sinne.
Über der Zinne
leuchtet ein Licht.
Siehst du es nicht?

Neuer und neuer
lodert das Feuer
uralter Minne.
Vom Anbeginne
ewig umwittert,
leise erschüttert
es mein Gemüt.
Siehe, es blüht.

Neuer und neuer
zündet das Feuer,
das ich empfinde,
und ich verbinde
mich mit dem Licht.

Alles zerbricht.

38. **Welche Stille mich umgibt.**
Wie mich diese Stille liebt.
Wie ich diese Stille liebe.
Ach, wenn diese Stille bliebe,
dieser sonntägliche Klang
voller Glocken und Gesang.

Güldner Sonnenschein
fließt ins Auge ein,
weiches Buttergold
ist dem Auge hold.

Welcher helle Stab
bricht herab
und zerbricht
meine Sicht
und errichtet
neues Licht?

39. **Herbst, es fallen Gedichte,**
dem Reifen ist Faulen nah.

Die süßesten, mildesten Früchte
fallen dir, wenn du schon – ja,
mit einem Fuße im Grabe
und doch noch von dieser Welt –
kündest, wes tragische Gabe
deine Weisheit erzählt.

Du fühlst am Gipfel des Werdens
in dir, überall,
im Glücke höchsten Gebärens
milden Zerfall.

40. Steine schmelzen überall,
über allen Wäldern.
Welten wachsen aus dem Tal,
aus den Sümpfefeldern.

Neugeboren schau ich sacht
aus dem Wiesenkragen.
Weiß nicht, wo ich aufgewacht,
muss den Riesen fragen.

Riesen nicken aus dem Erz,
weinen mir ins Auge.
Leiser klopft das Greisenherz,
glühend glimmt der Glaube.

41. Schaust du nach innen,
wirst du betört
vom rauschenden Blätterwald,
den du gehört.

Vom Rascheln berauscht,
vom Raunen beschwingt,
lass sachte erschallen,
was innen erklingt.

Tausend Bäume
in der Schöpferhöhle
singen Träume,
schwingen deine Seele.

Lausche nach innen!
Stehe im Wald!
Lass es beginnen,
komm bald!

42. Es geschehen nun die Dinge,
die sich jedem Wort entziehen,
weil sie eben dort erblühen,
wo Gedränge und Geringe
stiller werden und verrinnen,
und wir finden uns von Sinnen,
nur noch seiend, atmend, lauschend
auf das Meer, das uns berauschend
seine Gischt entgegenstreckt,
salzig unsre Füße leckt.

43. Morgenklänge klingen bald,
dringen durch den Zwitscherwald.

Wie das Blau am Himmel blüht,
wie der Tau im Atem sprüht.
Wie vom Dorf die Glocke geht,
wo das Türmchen Gottes steht.

Wie der Dichter mit der Hand,
wie der höchste Turm im Land,
auf den runden Himmel weist,
wo zur Stund der Morgen gleißt.

44. Allmorgendlich, allabendlich
gedenk ich Dein
und schenke Dir im Denken
neue Lieder ein.

Beim Aufwachen, beim Schlafengehn
fühl ich hier drin:
Du bist in meinem Herzen und
in meinem Sinn.

Es macht mich froh, auch wenn es Dir
egal sein kann.
Drum wisse, Frau: Durch Dich bin ich
ein frauer Mann.

45. Mutter Gottes,
find ich Dich auf Erden?
Trotz allen Spottes
will ich nicht glauben,
dass Du im irdischen Werden
nicht existierst.

Sind nicht irdische Frauen,
die wir hier schauen,
Abbild von Dir?
Oder berauben
sie sich der göttlichen Zier?

Wenn Du gebierst,
was gebierest Du mir?

46. **Eine Seele, rein und klar,**
wünsch ich mir von Herzen,
sie zu necken, herzhaft wahr,
froh mit ihr zu scherzen.

Eine Seele, rein und klar,
möcht ich lieben dürfen,
mich zu einen, wunderbar,
und den Met zu schlürfen,
der entsteht, wenn der Poet
über in die Einheit geht.

47. **Heideneiche, segensreiche,**
breitest weit dein Blätterdach.

In der Heide sind wir beide
heimlich unter Dach und Fach.

Über grünen Hügeln blühen
dunkelrote Erika.

Heidelbeeren stehn in Ären
hoch wie in Amerika.

Und du breitest übers Land
hütend deine Hand.

48. O mein Gott,
wie du mich beschenkst,
o mein Gott,
meine Wege lenkst,
o mein Gott,
wie du mich umhüllst,
o mein Gott,
meinen Sinn erfüllst,
o mein Gott,
wie du in mir lebst,
o mein Gott,
mir im Busen bebst,
o mein Gott,
stiller Gott in mir,
o mein Gott,
mach mich eins mit Dir.

49. Du hast mich erweckt
aus witterndem Schweigen.
Dir darf ich es zeigen,
was in mir steckt.

Du hast mich berührt
mit sehnlichem Duft,
der unhörbar ruft.
Ich hab es gespürt.

Und ältestes Ahnen
steigt wieder herauf
und bringt meine klingenden
Bahnen in Lauf.

50. Alle meine Wunden
zeig ich offen her,
wie ich mich geschunden
durch das schroffe Meer.
Alle meine Fehler
geb ich offen zu,
denn der Weltenzähler
kennt ja doch den Schmu.
Alle meine Schulden
zahle ich zurück,
kann sie nicht mehr dulden,
stören mich am Glück.

51. Du bist ein andrer als du glaubst zu sein.
Sei achtsam, wandere in dich hinein.
Und wirst du stiller und bedächtiger,
und merkst du: Ach, mein Gott, Allmächtiger,
ich bin es selbst, der sich das Spiel ersann!
Dann bist du da, wo dieses Spiel begann.

52. Eine Wanne voller Wonne
ist das Sein.
In die Wanne voller Wonne
tauch ich ein.
Aus der Wanne voller Wonne
tauch ich auf.
Bring die Wonne aus der Wanne
mit herauf.
Sonne trocknet Wonne ein,
wieder in die Wanne rein,
in das kühle Nass,
Spaß macht das.

53. Es kommt die Zeit, da schaukeln wir
gemeinsam durch das Klangklavier,
ich werde jung und du wirst alt,
du bist schon drei
und ich noch frei,
wir stehen bald
im Märchenwald,
dann kommt die Zeit,
da schaukeln wir
zu zweit
im Jetzt und Hier.

54. Ein Augenblick
voll stillem Glück –
das kostbarste im Leben.
Der Augenblick
kehrt nie zurück,
nur das, was er bewirkt.
Ein Augenblick
voll stillem Glück
kann uns das Höchste geben,
führt leise uns
zum Selbst zurück,
wo alles Glück sich birgt.

55. Schließe die Augen und schaue,
wer vor dem Kämmerlein steht.
Höre die Stille und baue
wieder das Lied, das sich dreht.
Weite den Körper und fühle,
wie sich der Atem verweht.
Riechst du die blauweiße Kühle,
rinnt dir am Zäpfchen der Met?

56. Ich spüre die Blume, die für Dich blüht,
und meine Seele in Deine zieht.
Ich schöpfe das Wasser, das für Dich fließt
und meine Seele in Deine gießt.
Ich höre das Murmeln, das für uns rauscht,
wenn jeder dem Pochen des Herzens lauscht.

57. Mutter ist doch da, mein Schatz,
wacht mit Mutteraugen,
gibt dir schon beim ersten Schmatz
ihre Milch zu saugen.
Mutter nimmt dir alle Last,
gibt dir alle Wünsche ein,
alles Wünschen, das du hast,
gilt doch ihr allein.

58. Und meine Augen fallen tief ins Grab.
Verdorrte Trauben tropfen in die Asche.
Vom Himmel bröckelt Kohlenrinde ab.
Ich suche, ob ich einen Stern erhasche.
Vertrocknet ist mein Blütenkleid, zerlöchert.
Wann bricht mein Rad? Wann werd ich eingeäschert?

59. Wie mollig war sie,
duftend, warm und nett.
Jetzt lächeln ihre Zähne im Skelett.
Ihr Schädel grinst. Sacht führt mich ihr Gerippe
hinter den Wiesensaum zur Felsenklippe,
winkt mir verlockend: Springe in die Kluft!
Ich höre, wie ihr hohler Schädel ruft,
lasse mich fallen, falle federleicht,
bis mein Gebein im Wind dem ihren gleicht.

60. O Gott, lass mich nach Deinem
und meinem Willen walten,
lass mich die eignen Wünsche
nach Deinem Wunsch gestalten,
lass mich erneut vereinen,
was sich nach Einung sehnt,
und Dir ins Auge weinen,
bis wir versöhnt.

61. Gott, was hab ich hier verloren
auf dem kalten Erdenball?
Halb vertrocknet, halb verfroren,
nimm mich doch zurück ins All.
Möcht in deinen Armen
wohl geborgen sein.
Habe doch Erbarmen,
bin auf Erden doch
allein.

62. Diese Heuchelei der Welt!
Immer, immer wieder
strauchelt man und fällt
über Liebe, die uns meuchelt,
weil sie uns nur vorgeheuchelt.
Oh, ich hab genug
von Lug und Trug!

63. Weine nur, mein Guter,
alles ist doch gut.
Aus dem Tränenfließen
schöpfst du neuen Mut.
Lass die Tränen quillen,
alle Wangen voll,
denn aus tiefen Stillen
sprudelt es hervor.
Weine nur, du Tor.

64. Denn das Vergängliche
täuscht uns von neuem,
bis wir ihm folgen und
erneut bereuen,
dass wir ihm folgten
wie ein blindes Kind,
bis wir erkennen und
erhaben sind.

65. Immer wenn ein Traum zergeht,
weil mein Stern sich weiter dreht,
stehe ich mit Ach und Ja
ohne meine Täuschung da.

66. Wir werfen uns nieder
und lassen uns fallen
und steigen doch wieder
zurück in die Hallen
der endlosen Stille
am Opferaltar.
Wo kreisende Lieder
uns wieder erschallen,
in endloser Fülle,
nah und klar.

67. Ich schmelze unter dem Kristall,
die Hüllen knistern hin.
Es öffnet sich das blaue All.
Ich löse mich von Form und Sinn.
Ein Spiegel, der kein Abbild hat.
Das Unbegreifliche –
Es findet statt.

68. Im Herzen sind wir nie allein,
wir finden uns im Stillesein.
Denkst du an einen guten Freund,
schon ist dein Geist mit ihm vereint.
Du spürst am Grunde deines Seins:
Wir zwei sind eins.

69. Schon der Gedanke an Dich
tut mir so gut,
fährt mir versonnen und frisch
traumsüß durchs Blut.
Ich stehe traumwandlerisch,
strahlend vor Glut.
Ach, süßes Denken an Dich,
wie wohl das tut!

70. In Gedanken
bin ich bei Dir,
Dich umranken
Blumen von mir.
Wie's im Märzen
jungfräulich schneit.
Tief im Herzen
flüchtet die Zeit.
Allerorten
bin ich Dir nah.
Aus allen Worten
klingt Ja!

71. Frühling im Winter,
Sommer im Schnee.
Leise beginnt er,
tilgt alles Weh.
Eisglitzernd spinnt er
Kleider aus Klee.
Langsam gewinnt er
windige Höh.
Kälte ade,
Starre adieu,
juchhe!

72. In der Tiefe liegt ein Wünschen,
in die Seele eingesät,
dieses gilt es zu erfüllen,
um das wunde Blut zu stillen,
es erfüllt sich jenem Menschen,
der den Weg nach innen geht.

73. Das Augenblickliche
verwirft sich ständig,
verwirft, verwandelt sich
von Blick zu Blick
und weist doch unverwandt
ganz still inwendig
zum Unverwandelten,
zu MIR zurück.

74. Hör nur, wie der Bretzelbube
staunend seine Glieder zählt,
raunend in der Rätselstube
Glieder aus dem Liede wählt
und in seinen Liedern wieder
Rätselraterei erzählt.

75. Das innere Licht,
im Stillen entzündet,
weist uns die himmlische Welt.
Königlich wandelt in sich,
von Wonne und Wohlklang umhellt,
wer dieses Wunderlicht findet.

76. In Deiner Stille
wache ich.
Es lichten sich
die Segel.
Die Vögel
überwachen mich,
Mein Kopf beginnt
zu drehen.
Ich sehe.
Ich schaue.
Ich wehe
übers Feld.

77. Ich weiß nicht, wo ich bin,
weiß weder wann noch wie,
nicht wer und nicht warum.
Ich bin so stroh und dumm,
hab nichts im Sinn
und merke doch:
Ich bin.

78. Auf meinem Luftpferd bin ich geritten,
auf meinem kleinen Klingelklang,
habe die Welten klingend durchschritten,
stillte so meinen Wissensdrang.

79. **Die Stunde ist gekommen,**
da sich kein Wort mehr fügt,
da nur im Blick, im Stummen,
das ganze Sagen liegt.
Ich stehe fassungslos
und atme bloß.

80. **Ich schmelze vor Liebe,**
vor Liebe zu Dir,
ich sehe Dich allüberall.
Ich weiß nicht, was bliebe
auf diesem Ball,
aus allem lächelst Du mir.

81. **Zu den Höhen zurück**
wend ich mich mutigen Schrittes,
und mein Blick
findet kein Drittes,
findet nur DICH
und in Deiner Mitte
wieder mich.

82. **Ich lausche Deiner Stimme,**
die mich ruft.
Mild ist Dein Duft.
Ich höre, wie die Stimme
zu mir spricht.
Weich ist Dein Licht.

83. **Weiseste Führung**
spendest Du mir,
leiseste Rührung
sende ich Dir,
die Du in Liebe mich lenkst,
Mutter, mich nährest und tränkst.

84. **In dir selbst liegt alles Wissen.**
Tauche in die Muße ein.
Deine Muse will dich küssen,
Wissen schenkt sie, klar und rein.

85. **O wunderlich, wie sonderlich,**
ich werde wieder Wunderl-Ich,
mein Gott, was war ich Sonderl-Ich,
ich wunderte mich nicht.

86. **Die Augenblicke drehen sich**
von Blick zu Blick zu mir zurück.
Die Angesichter sehen sich
ins Angesicht im Augenblick.

87. **Ich weiß, ich bin das Weiße,**
das weiße Blatt in mir.
Ich bin das Buch,
das lautlos spricht,
ich bin der Klang in dir.

88. Rührtest Du mich zauberhaft,
wild bis zur Verblendung,
führst Du mich nun mild und sacht,
weise zur Vollendung.

89. Ein Wanderer in der Wildnis
bin ich – nirgends zu Haus –,
nur Dein Bildnis
leitet mich
aus der Wirrnis heraus.

90. Wenn ich so
alleine bin,
setz ich froh
die Beine hin,
tauche ein
in Reines Sein,
schmelze hin
und bin
ALL-EIN.

91. Nie hat er sie gefunden,
nie war sie Wirklichkeit,
nie konnte sie bekunden
ihr golddurchwirktes Kleid.

92. Ach, wie welken doch so schnell
abgepflückte Pflanzen,
wenn sie welken, suche hell,
suche nach dem Ganzen.

93. Das goldene ICH in mir,
das die Nacht über scheint
und mich und dich unsäglich eint,
dies LICHT sind wir.

94. Wunderbar!
Von allen Wünschen,
die mich trieben,
ist nur einer geblieben:
Sei ruhig und
klar.

95. Wir lauschen
in die Stille,
ihr Rauschen
ist Gesang.
Seit je ist Gottes Wille
stiller Klang.

96. Es fällt die Trennwand
zwischen mir und Dir,
und beide merken wir:
Du bist in mir.

97. Die Welt wird klein,
ich steh allein
auf diesem Ball
im All.
Wie fein.

98. Du hast mich geschüttelt
und kräftig erschreckt,
vom Schlaf aufgerüttelt
und – danke – erweckt.

99. Im Sit-Zen und
im Tan-Zen
verschmelzen wir zum
Gan-Zen.

100.

101. Ich stehe still
im Spiegelsee,
und sehe zu,
wie ich mich seh.

102. Aus witterndem Schweigen
erzittert der Reigen
in zeitloser Reihe
als Klang in der Seihe.

103. Dasselbe trostlose Gebäude,
wenn Liebe es von innen füllt,
wird plötzlich zum Gemach der Freude.

104. Er suchte sie,
er fand sie nie,
ersuchend wie
erfand er sie,
im Seelenreich
der Fantasie,
da fand er sie.

105. O Götter lasst uns hoch
und hoch und höher steigen,
bis wir in eurem Reigen
sinnvoll gefüget sind.

106. In Dir wächst ein Rosenstrauch,
duftet süß und lind.
Stärker duften Deine Blüten,
wenn sie offen sind.

107. Der goldne Fluss,
der von der Sonne strahlt,
errichtet sich,
strömt dir als Wonne ein
und dichtet dich.

108. Du selbst bist es,
der sich betrachtet
und der sich selbst
als das erachtet,
was nie vergeht
und nie entsteht.

109. Silben rieseln silber nieder,
singen weichen Harfenklang.
Frühlingsgrüne Winterlieder,
Schnee verweht den Urgesang.

110. Die Poesie,
das satte Weib,
wie frohe sie
am Blatte reibt,
wie hohe sie
im matten Leib,
den rohen Trieb
zum Sieden treibt.

111. Es liegt ein Lied im Lautemeer,
wer umrührt, kann es hören.
Sein Name gibt den Samen her,
wir brauchen nur zu rühren.

112. Wir alle sind ein kleines Blatt
im Rauschen, das man kennt.
Wenn sich der Kreis geschlossen hat,
eint sich das Firmament.

113. Die alten Blätter rauschen,
wir schweigen ihnen zu,
und aus dem Palmenknistern
erwitterst du im Flüstern:
Der Flüsternde bist du.

114. Heimlich
lieb ich Dich,
reim ich
über Dich,
still und im Geheimen.
Warum
sag ich nicht,
darum
frag mich nicht,
lass mich lieber reimen.

115. Der Schöpfer und die Schöpferin,
dies EINE hält sich selbst im Sinn.
O Wunder, wie die Wunde heilt.
Geteilt selbst bleibt Es ungeteilt.

116. Wenn sich die Silben wieder lieben,
sich dicht an dicht und gleich an gleich
vertraulich ineinander fügen,
fühlt sich die Sprache warm und weich.

117. Der Same wird geröstet
und brodelt wild im Schoß.
Und ist er durchgesiedet,
fühlt du dich mild getröstet.
Das Rohe ist befriedet.
In dir wird Liebe groß.

118. Du hast mich verjüngt. In Liebe geboren
blättert die rissige Rinde herab.
Strenge und Härte gehen verloren,
die Gerte bringt den Stamm auf Trab.

119. Was ist es wohl, das in mir denkt
und Wort für Wort die Schritte lenkt,
die mich, kaum ist der Wunsch zu spüren,
stillschweigend zum Erwünschten führen?

120. Sich nicht bemühen,
Kunst zu fassen,
sondern absichtslos
geschehen lassen,
dass der Satz,
der dein Gehirn durchfließt,
sich von selbst
durch deine Hand
aufs Blatt ergießt.

121. Im Lallen und im Simpelsein
fällt alles gar dem Gimpel ein,
der Weisheit höchste Zier
verbirgt und zeigt sich dir
im Einfachsten der Welt:
im Einheitlichen Feld.

122. Der Seim der Götter
hat mich angesäuselt,
die Vögel zwitschern,
das Gestirne kreiselt,
die Hühner lachen wieder
auf den Dächern,
im Walde hör ich
Blätterrauschen fächern.

123. Und alle Steine schmelzen,
ich finde mich allein
als einzig festen,
unerschütterlichen Stein
am Meeresgrund.
Und tief am Grunde,
rein und rund,
tut sich die traute
Kunde kund.

124. Wenn sich zwei Butterherzen
ineinanderweinen,
aus Sehnsucht, mit Verwandtem
sich zu einen,
wird das Verwandte
urvertraut wie eh,
und aus zwei Butterherzen wird
ein Tränensee.

125. Du bist ein Funke
aus dem Meer der Liebe,
der mich entzündet,
mich durchwärmt, durchglüht
und mich zu Dir,
der Mutter aller Triebe,
aus dunklem Drang
ins goldne Lichtmeer zieht.

126. Lass uns graben
und die Schätze zeigen,
den großen Wissensschatz,
der unsrem Volke eigen,
lass uns den Klang verflechten
und im Reigen
der Lieder unsres
Volkes Weisheit zeugen.

127. Wo fang ich an,
wo hör ich auf,
ach nein ich kann
in diesem Lauf
kein -fang und An-,
kein -de und En-
erkennen, denn
ich bin ein Kreis,
und Kreis im Lauf
fängt niemals an,
hört niemals auf.

128. In deinem Meere
bin ich versunken,
habe die Lehre
aus Dir getrunken.
Deine Liebe
hat mich verschönt,
meine Triebe
tröstend versöhnt
und mit glühendem,
duftenden, blühenden
Glanze gekrönt.

129. Du bist so tief,
ich möchte ganz in Dir versinken.
Du bist so voll,
ich könnte ewig aus Dir trinken.
Ich will vergehn
in Deinem Klang, Du bist so weich,
und stille sein
in Deinem Seelenteich.

130. Unter meiner Lieblingseiche
sitze ich im Hügelwald,
sehe hier und da die reiche
Mutterkraft der Urgestalt,
die den Wald begrünet
und den Himmel blaut
und mich, wenn ich darbe,
wieder auferbaut.

131. Aus der Stille
entsteht die Welt,
und sie zerfällt
in Stille,
wenn zu allen Klängen,
die dich umdrängen,
der Gegenklang
in dir erklingt,
und dich der Wesen Gesang
in gerundeter Fülle
allseits beschwingt.

132. Alte Kulturen,
die wir erfuhren
in unsrem ewigen, zeitlosen Lauf,
alte Gestalten
voller Gewalten
sehen sich, grüßen sich, kommen zuhauf,
und die Poeten,
alte Propheten,
steigen aus Weiden und Hängen herauf.

133. Denn am Grunde meines Seins
bin ich mit mir selber eins
und die Welt ist nur ein Spiegelbild
von MIR.
Du und sie, ihr beide seid
das Geknöpf in meinem Kleid,
schließen wir es, ist die Welt
auch DIR.

134. Ich bin ein Regenbogen.
Die Erde ist mein Schoß,
mein Haupt das Himmelswogen.
Der Bogen spannt sich groß
und fließt in allen Farben
durch meinen Rücken sacht.
In bunten Strahlengarben
bin ich erwacht.

135. Wenn der alte Bretzelbube
aus der alten Rätselstube
überall sich selbst entdeckt,
weil er hinter allem steckt,
stecken unter einer Decke
tausend alte Kichersäcke,
lachen sich vor lieber Not
völlig rund und tot.

136. Du hast es erfasst,
in scheinbarer Hast
erzittert der Nabel
und wittert der Schnabel.
Steh fest in der Mitte
und setze die Schritte.
Steh fest in der Ruhe
und siehe: Ich tue.
Du hast es erfasst:
lass locker die Last.

137. Ich sinke in die Nacht hinein,
in ihre blauen Arme,
ihr heller, gelber Augenschein
hüllt meine Stirn in warme
gewitterweiche Wolkenpracht.
Der Saitenklang der süßen Nacht
bedeckt mein Herz mit Locken.
Ich höre Himmelsglocken.

138. Es wirkt ihr Kleid
die Wirklichkeit,
wie zauberhaft sie wirkt
und hinter ihrem Zauberkleid
die Wirklichkeit verbirgt.
Die Zauberin im Wirkungskleid
zieht mich in ihren Bann.
Kaum werde ich aus ihr gescheit,
fängt schon ihr Zauber an.

139. Perlen aus deinem Mund,
die du erschaust,
tue sie keinem kund,
dem du nicht traust.
Dränge sie keinem auf,
der sie nicht greift.
Ebne ihm seinen Lauf,
wenn er gereift.
Siehe, sie finden
selber ihr Ziel,
können nur künden
dem, der es will.

140. Ich weiß von Nichts,
es tut sich kund.
Von selber sprichts
aus meinem Mund.

Hat die Natur
auch mich erwählt,
sieh, wie sie nur
von sich erzählt.

Im wirren Weh des Denkens
erstrahlt ein neuer Ton.
Die Stille des Versenkens
zahlt ihren Finderlohn.

141. In meiner Hütte
stehe ich,
um meine Mitte
drehen sich
im Ticktack meine Kreise.

Der letzte Schritt der Reise
war drehend wie der erste Schritt,
mit dem ich in die Mitte glitt.

Kurz war der Traum,
mein Purzelbaum
trug mich zurück
ins Wurzelglück.

142. Aus dem Innersten
strahlt alle Freude
und ins Innerste
kehrst du zurück,
wenn dich das strahlende Glück
sanft an den Händen ergreift
und dir Gefilde
wachsender Freude zeigt,
bis du aufatmend ruhst
und dich erinnerst,
wie allglücklich du bist
wenn du nichts tust.

143. Die Jungfrau, die im Lotus liegt
und sich in meiner Blüte wiegt,
sich lieblich an die Blätter schmiegt
und meine Staubgefäße biegt,
hat mich besiegt.
Die Schöne, die im Lotus weilt,
den süßen Nektar mit mir teilt,
der alle meine Wunden heilt,
hat mich ereilt.

144. In mir lebt die Mutter Gottes,
in mir wirkt und waltet sie,
in mir leitet sie und lenkt
Wort, Gedanke, Tat,
alles, was in mir sich denkt,
wirr, von früh bis spat,
ist ein Teil von ihrer Kraft,
die mir Wünsche schenkt,
mich mit ihrem goldnen Saft
zauberhaft durchtränkt.

145. Wissenschaft ist Stufenwissen,
das wir wi(e)der-rufen müssen,
schreiten wir die Leiter
heiter weiter.

Gehe ich die Wendeltreppe
drehend bis zum höchsten Stück,
sehe ich am Ende Ebbe:
alles Wissen ebbt zurück.

Oben auf der Ebene
fällt die Leiter um.
Ich bin der Ergebene,
herrlich depp und
dumm.

146. Milchig weich und weiß bist du,
kühl ist deine Haut.
Sanft umwiegt mich deine Ruh
und dein Auge schaut
hell aus dunkler Wolkenpracht,
blickt mich milde an.
Trunken durch die Wolkennacht
ziehst du mich hinan.
Deine Sterne blicken tief,
saugen mich hinein,
und die Sehnsucht, die mich rief,
hüllt uns beide ein.

147. Wenn ich langsam wieder werde,
was ich stets gewesen bin,
dämmert mir das Umgekehrte
und verkehrt der Wesen Sinn.

Alle Wesen sind im Grunde
Teile aus dem Gegenteil.
Mit dem Gegenteil im Bunde
werden alle Wesen heil.

Und ich stehe neu gewonnen,
wie seit ehe ungeteilt.
Alle Risse sind zerronnen,
alle Schmisse sind verheilt.

148. Das Selbst strahlt mir aus allen Bäumen,
im Wachen, Schlafen und im Träumen
strahlt überall
der Sonnenball.

Die Sonne strahlt aus allen Räumen,
aus Blütenständen, Blättersäumen,
vom Sonnenhaus
strahlt Wonne aus.

Selbst aus dem Schlechten strahlt das Rechte,
ich winde meine Welt und flechte
aus Bast und Strick
den Weg zurück.

149. **Die Sonne hat den Mond geküsst,**
das weiße Spiegelrund.
Der Mond schenkt ihr, als wenn er wüsst,
den weichen Lippenmund.

Der Mond erglänzt im Sonnenschein,
die Sterne sind erwacht.
Sie wollen nicht alleine sein
und blinkern durch die Nacht.

Den Mond und seine Sterne,
den hat die Sonne gerne,
auch wenn der Mond nicht bei ihr ist,
sie sonnt ihn aus der Ferne.

150. **Die Sprache der Natur**
ist eine runde Spur
aus meinem Munde,
mit der ich meine eigene Natur bekunde,
dass ich das Wunder- und das Sonderbare bin.
Das bare Wunder bin ich eh,
und merk ich es, beginn und steh
ich auf und sinne sonderbar:
ischbinunwarunsinn.
Isch bin un war un sinn.
Isch bin unwahr un sinn.
Isch bin un war Unsinn.
Isch schbin nun wahren Sinn.
Isch schbin. Nun war uns Sinn.

151. **Aus dem Schweigen steigt der Reigen**
und der Wille tiefer Stille
offenbart sich in der Hülle
als erwünschte Klangesfülle.

Aus dem Schweigen steigt der Reigen
tiefer Stille zu mir auf,
durch die Hülle dringt die Fülle
und beschreibt den Weltenlauf.

Aus dem Schweigen steigt der Reigen
gießt die Fülle tiefer Stille,
sich dem Neigenden zu zeigen,
in geprägte Klangeshülle.

152 **Wenn sich erst Dein Himmelszelt**
wieder rund zur Kuppel spannt,
ziehst Du durch die Erdenwelt
wie durch Milch- und Honigland.

Und Du siehst in allen Dingen
Deiner Schöpfung Dankeschön.
Willst es fassen, bauen, singen,
glückerfüllt vom Wiedersehn.

Fliegst als Falter in die Sonne.
Weiß erglühst Du wie ihr Licht.
Und das Spüren reiner Wonne
ist Dir höchste Bürgerpflicht.

153. Der Ewiggleiche
beschauet die reiche
Vielfalt der Welt.

In sich erhält
ER alles Werden,
bis es zerfällt.

Schafft ER auf Erden
endlose Fülle,
führt uns SEIN Wille
wieder zurück
in dieses stille
ewige Glück.

Wille voll Stille
ist Wille voll Macht,
denn aus der Stille
wird alles vollbracht.

Fülle auf Erden
möge dem werden,
der das Gesetzte
niemals verletzte.

154. Die Stimme, die uns weise macht,
ist klar und rein in mir erwacht,
da sie zu diesem braven Mann
volles Vertrauen haben kann.

Sie weiß, ich folge ihrem Rat
und schreite unverweilt zur Tat,
ich warte nicht, verdränge nicht,
was aus der Himmelsenge spricht.

Sie weiß viel mehr als mein Verstand,
selbst Dinge, die kein Mensch erfand,
sind dieser Stimme offenbar
und werden sonnenklar.

155. Gib Dich endlich zu erkennen!
Gib es zu: Du Schelm bist ICH.
Bist, was wir als ICH benennen,
erst ertappt ergibst du dich.

Der sich hinter uns verbaut,
tausendköpfig, tausendäugig,
kaum noch an sich selber gläubig,
hat sein Maskenspiel durchschaut.

Glaubst Du noch, Du seist ein andrer?
Gut, dann nenne Dich nicht Ich.
Spiele weiter fremder Wandrer,
nenn Dich Du und suche MICH.

156. **Der Kitzel bei der Schreiberei**
liegt in der Federreiberei.
Jeden Stiel führt eine Hand,
jede Hand ein Köpfchen.
Und das Köpfchen taucht galant,
jeden Stiel ins Töpfchen.
Stiel saugt sich im Töpfchen voll,
reibt sich wieder frei,
kitzelt das Papier ganz toll,
bis der Fluss vorbei.
Wollte nur den Kitzel zeigen,
den du, wenn die Feder tanzt,
ohne diesen Federreigen
kaum verkraften kannst.

157. **Federhalter von Beruf,**
fühle mich berufen.
Eingestellt auf Widerruf
nach Verjüngungsstufen.
Anfangs hielt ich steif und feste
meine schwere Feder,
denn ich wollte nur das Beste,
aber das will jeder.
Langsam aber ließ ich locker,
aus dem Handgelenk,
und nun fall ich selbst vom Hocker
über das Geschenk
aus dem Händchen, das mich hält,
mich im Tanze wirbelt
und die Feder zwirbelt,
wie es ihr gefällt.

158. Der Sohn ging auf die Reise,
und kam nach Haus zurück,
lief jahrelang im Kreise,
ein langes, langes Stück.

Er suchte nach dem Hause,
wo er geboren war,
der winzigkleinen Klause,
so still und wunderbar.

Die Häuser in der Fremde
sind alle viel zu groß,
nun sitzt das Kind im Hemde
beschämt in Mutters Schoß.

Da laufen ihm die Tränen,
die Nase bildet Schleim.
Vorbei ist alles Sehnen.
Er merkt: Ich bin daheim.

159. Der Gedanke bin ich,
auch das Denken an sich,
an den Denkenden, mich,
bin ich.

Im Gedanken schlechthin
liegt des Denkenden Sinn,
meines Denkens Gewinn:
Ich bin.

Bin ich, weil ich mich dachte?
Oder weil ich erwachte
aus dem Sein ohne Sinn
zum Bin?

War auch vorher, doch war
des Gedankens noch bar
ohne Denken, allein
im Sein.

Durch das Denken verdeckt
sich das Sein und versteckt
unter blendendem Schein
das Sein.

160. Der Augenblick,
da sich die Stille bricht,
da Stille hörbar wird
und scheinbar spricht,

der Augenblick,
da Schweigen sich verliert
und aus dem Muttermund
den Klang gebiert,

da Stille singt,
in Schwingungen vibriert,
da Stein erklingt,
das weiße Kleid verziert,

da wir uns vorstellen,
den Klang zu hören,
die Klangeskuppeln
aus Juwelenchören,

das ist der Augenblick,
da Du und ich
zusammen singen,
klingen, ewiglich.

161. Wissen ist die Eselsbrücke,
womit ich die Wesenslücke
im Gedächtnis überwinde
und das lückenlose ewige
Vermächtnis wiederfinde,
wo Gedächtnis überfließt
und im Fließen seine Lücke schließt.

Dann erkennt Gedächtnis,
dass es ewig schon Vermächtnis,
dass die Lücke nur erlogen
und die Brücke nur der Bogen
für den Esel,
der ich selbst gewesen war.

Wissen löst sich auf in dichtes Licht,
Licht in Nichts,
und Nichts ist
wunderbar.

162. Im Weltgedächtnis
liegt das Vermächtnis,
das wir erwittern,
bis wir erzittern
vor heiligem Schauer,
denn das auf Dauer
Eingeprägte,
in uns Gelegte
hält uns gesund.

Es ist rund.
Wir brauchen nur lesen,
was einst gewesen,
und wissen sogleich,
was hier im Reich
für herrliche Stürme
und Elfenbeintürme
aufgebaut.

Urvertraut
ist sein Klang,
denn der Drang
der Zeilen,
sich zu ereilen,
hat seinen Grund.

Es ereilen
sich diese Zeilen
durch seinen Mund.

163. Die schöpferische Quelle,
das ist das Loch, das helle,
das wir in uns entdecken,
wenn wir tief in uns stecken.

Aus dieser Quelle quillt
das schöpferische Bild,
das wir nach oben bringen,
von dem wir Lieder singen.

Der Quell ist unerschöpflich,
wir brauchen nichts zu tun.
Es wird schon etwas tröpfelich,
sobald wir etwas ruhn.

Es sprudelt quasi springquellgleich
aus diesem hellen Teich.
Die Welt wird heil und hell
durch diesen Sprudelquell.

164. Wesen, welches selbstvergessen
tief in meinem Selbste lag,
du bists, das ich selbst gewesen,
das ich nach mir selbst befrag.

Liebe stört mich aus der Tiefe
an die Oberfläche auf.
Ruhevoll, als ob ich schliefe,
setzte ich mich selbst in Lauf.

Dabei bin ich wach wie nie,
berstend voll im Glücke,
mich zerbrechend find ich sie,
finde meine Lücke.

Lücke zwischen mir und mir,
die ich füllen will
mit dem Fluss von mir zu dir,
bis ich wieder still.

165. Die Nacht ist für die Liebe da,
die Dunkelheit verbindet,
taucht alles ein
in warmen Wonneschein.

Der Sonnenschein, der alles sah,
das Tageslicht verschwindet,
Entfernung, Fremdheit, Unterschied wird klein.

Ins blaue Meer taucht der Verstand,
es wogen die Gefühle,
und was sich tags nur zaghaft fand,
umarmt sich frei und fest.

Der Scherbenbruch, seit eh verwandt,
vereint sich neu im Spiele,
wenn Freundin Nacht mit leiser Hand
den Mantel fallen lässt.

166. Liebe Nacht, beschenke mich wieder,
senke dich auf mich herab.
Liebe Nacht, ich mag deine Lieder,
die ich den anderen gab.
2.
Liebe Nacht, du flüsterst mir zu,
scheu und verborgen bist du.
Komm hervor und trete ans Licht,
Nacht, warum zeigst du dich nicht?
3.
Nacht, du scheust dich, willst mir nicht kommen,
singe ich dir nicht genug?
Nacht, du freust dich über die Frommen,
jenseits von Trübe und Trug.
4.
Komm herbei und labe mich neu.
Liebende Nacht, komm herbei.

167. Femina, Du liebe,
schmück Dich, mach Dich schön.
Edle meine Triebe.
Lass uns tanzen gehn.

Lege Gold und Steine
über Haut und Kleid.
Adle Deine reine
Weiblichkeit.

Ziere Deine Haare
mit der Perlenschnur.
Offenbare
Deine Prachtnatur.

Ziehe Deine Züge
voller Lust und Lüge
phantasievoll nach.
Schmink Dich! Ach,

jeder soll erkennen,
wie Du strahlen kannst.
Alle sollen brennen,
wenn Du tanzt.

Sind wir erst vom Ganzen
wohlig angetan,
ziehst Du mich beim Tanzen
sacht hinan.

168. Die Liebe zur Natur
hat mich erfasst.
Ich bin auf dieser Erde nur
zu Gast,
um sie zu finden
und von ihr zu künden.

Ich weiß noch nicht,
wie sag ich es?
Ihr weißes Licht,
wie mag ich es.
Es nährt mich, füllt mich,
tränkt mich, stillt mich,
gibt mir Kraft,
die mir im Munde
runde
Lieder schafft.

Die Lieder, die sie mir gebiert,
sie drehen sich.
Sie haben sich zum Kreis gruppiert
und stehen sich
im Kreise ausgewogen gegenüber.
Und Mutters Weisheit
weht zu mir herüber.

169. Die Lücke zwischen Worten
spannt
die Brücke zu den Orten,
wo Stille spricht.

Wo sich die Fülle bricht,
wird Klang erkannt.

Im tiefen Meer der Stille
birgt sich des Klanges Fülle
im Ebenmaß.

Wer lauschen kann und schweigen,
dem zeiget sich der Reigen,
den er vergaß.

Dem spannet sich die Brücke
im Summen dieser Lücke
von Wort zu Wort.

So taste denn und singe
die Inseln ab und springe
von Ort zu Ort.

Denn aus dem Urgedächtnis
spinnt ewiges Vermächtnis
sich fort und fort.

170. Dein Herz war eingepackt wie ein Stück Butter
in goldenes Papier, so wie das meine.
Doch dann, ich zupfte, und das Herz der Mutter
zeigte ihr Inneres, das butterreine,
das sich mit meinem Stück zusammenfügt.

Die weichen Butterstücke drücken sich zusammen,
liegen im Tiegel, unter dem die Flammen
die Fläche wärmen, wo die Butter liegt.

Und langsam wird das Stück von unten weich
und fließt dahin, ein See, kein fester Teig,
und im Zerrinnen fließen wir zusammen.

171. Federchen, was steht geschrieben
auf dem blanken Blatt Papier?
Was steht hier und was steht hier?
Fein getanzt, ich danke dir.

Aber Pferdchen, was ist das?
Flügelchen, wo bleibt das Nass,
das dir Farbe gibt und Kraft?
Mädchen sag, wo bleibt der Saft?

Federchen nagt steif und stumm
an dem kahlen Blatt herum.
Komm, wir tanzen wieder fein,
tauchen tief in Tunke ein.

Hei, wie glatt der Federtanz
wieder gleitet voller Glanz
und wie jugendlich beschwingt
meine Tusche singt.

172. **Mein Körper brennt,**
er fällt wie Asche nieder,
und aus der Asche steigt der Klang.

Aus Asche steigt,
aus Asche fallen Lieder,
verschmelzen mit dem flammenen Gesang,

der uns ergreift,
der uns in alle Winde,
in alle Berge, alle Täler weht.

Mein Mantel streift
die krosse Weltenrinde,
die sich am Außenrand des Rades dreht,

das mir nun zeigt,
worin ich alles finde,
was sich als Wissen in die Werke sät,

und den benennt,
von dem ich immer künde,
der mich entzündet hat, der nie vergeht.

173. Im Morgenlicht südlicher Meere,
wo Leiber entstehen, vergehen,
wo Fülle dasselbe wie Leere,
wo Wunsch und Wille verwehen,
wo Sehnsucht entflammt und verflüchtet,
am endlosen Horizont,
habe ich endlich gesichtet,
was im Unendlichen wohnt.

Nicht Wissen noch Wunsch noch Wille,
das alles gab es dort nicht,
nur leise Liebe der Stille,
golden schmelzendes Licht.

Und alles, was war, ist vergessen,
der Reise Nöte und Staub,
ich wüsste nicht, was ich besessen,
was bin ich gewesen?
Ich glaub ...

174. Wie still du bist,
wie voll du bist,
du meine gute Seele.
Wie still du bist,
wie voll du bist,
du gute alte Haut.

Wie still sie ist,
wie voll sie ist,
sie ruht in meiner Höhle.
Wie still sie ist,
wie voll sie ist,
die jungfräuliche Braut.

Wie still du bist,
wie voll du bist,
wie still du meine Seele küsst,
wie still du bist,
wie voll du bist,
wie ehestill du bist.

Wie still sie ist,
wie voll sie ist,
wie still sie meine Ehe ist,
wie still sie ist,
wie voll sie ist,
die Stille, die mich küsst.

175. **Ein neuer Stern steigt über die Nation,**
und tausend Augen blicken auf ihn nieder.
Wo kommst du her, du fremder Himmelssohn?
Was singst du uns für wundersame Lieder?

Ein alter Stern tritt unter seine Menschen,
und tausend Augen schauen zu ihm auf.
Er singt die Lieder, die sich alle wünschen,
von Weh und Weltschmerz, Los und Liebeslauf.

Ein junger Stern stellt sich in seine Reihe
und singt: Nun kehre ich zu MIR zurück
und singe freudig, wie ich mich befreie.
Und jedes Auge schmilzt in seinem Blick.

176. Ich **bin der Klang,**
der dich durchdringt,
der Urgesang,
der in dir schwingt,
der aus dir singt
im Schaffensdrang
und dir den Hang
zum Schaffen bringt.

Ich bin die Glut,
die dich durchglüht
und dir das Blut
zum Herzen zieht.

Ich bin die Liebe,
die dich drängt
und dir den Trieb
zur Einheit schenkt.

Ich bin der Hauch
der dich belebt,
der dir im Bauche
pocht und bebt
und deinen Staub
nach oben hebt.

In tiefer Stille
hörst du mich,
als Wunsch und Wille
führ ich dich,
in deiner Hülle
spürst du mich:
Die Fülle,
das bin Ich.

177. Die ganze Schöpfung ist für mich ein Zeugungsakt.

Ich schaue, und die Sinne sind befriedet.
Wenn sich die Schmetterlinge auf dem stillen Ast
unendlich lange fühlend ohne Hast
ganz dicht an dicht und ohne sich zu rühren
zur hohen gottgewollten Einheit führen,
dann spür ich, wie der Stein den Mahlstein packt
und meine Liebestriebe stillend siedet.

Ich sehe diesen Liebesakt in allem,
die Mutter Gottes schmückt sich für mich aus,
zeigt ihre Liebeskraft, um zu gefallen,
und lässt mich spüren: Mutter ist zu Haus.

178. Ich habe einen Kreis entdeckt,
der voller Witz und Weisheit steckt.
Er sagt, er sei der Wissenskreis,
der Kreis, der alles weiß.

Solange er nur steht
und keiner an ihm dreht
und keiner ihn zerbricht,
solange spricht er nicht.

Doch wenn mein Auge auf ihn trifft
aus irgendeiner Richtung,
dann flackert, blinkt und tanzt die Schrift
und ordnet sich zu Dichtung.

Die Weisheit – ungesprochen,
solang er ungebrochen –
beginnt aus ihm zu sprechen,
sobald wir ihn zerbrechen.

Wenn er sich dreht und Silben spricht,
erklingen Lieder voller Licht.

179. **Meine Stimme ist verschwunden,**
tief im Kieselsand versiegt,
will am Meeresgrund gesunden,
wo das alte Schweigen liegt.

Aus dem Schweigen steigt der Reigen
und ich höre alte Lieder
und die Chöre hallen wieder
durch dasselbe Klanggewölbe,
wo sich in mir, festgefügt,
ewig jung das Rauschen wiegt.

Diesem Rauschen will ich lauschen.
Würd ich sprechen, wehe, alle
Klangkristalle würden brechen.
Darum lädt mich dieser Ort
ein zu schweigen fort und fort.

Meine Stimme ist verloren,
in der Meeresglut verbrannt.
Einstens steigt sie neugeboren
aus dem Sand.

180. Schwarze Augen, blaue Haut,
Sichelmond im Haar,
Springquell fließt aus Deinem Haupt,
Geist wird leer und klar.

Durch die wolkenklare Nacht,
dunkelblau brichst Du,
Deine Schlange hält Dich wach,
still blickst Du, voll Ruh.

Stille legt sich übers Land,
über Berg und Tal,
große Stille, die ich fand,
Du bist überall.

Und kein Hauch bewegt sich mehr,
nicht ein Zweiglein rauscht ...
Voll mein Kopf, mein Geist ist leer ...
Wer ist hier? Wer lauscht?

Die Himmelsfrau ist voll belebt,
die Götter alle schweigen ...
Nur vor Dir, die in mir lebt,
will ich mich neigen.

181. Tief in Dir schillert versunken
eine Welt aus Licht und Klang.
Hat sie Dir ahnend gewunken,
dieser Gesang?

Wenn Du meine Lieder hörst,
fühlst Du Dich mit mir verwandt,
weil Du in Dir selber spürst,
dieser Klang ist dir bekannt?

Scheinen Dir meine Weisen vertraut,
weil sie wachsen in Dir,
summen, sich drehen, leise, laut?
Es sind die Lieder, die wir
allesamt, so wie wir sind,
tief im Inneren tragen.
Wenn Du frisch bist wie ein Kind,
weißt Du, sie zu sagen.

Und Du sprichst die Lieder aus,
die in jedem summen.
Und du spürst: Ich bin nach Haus,
bin nach Haus gekummen.

182. Ich staune nur und staune nur und staune,
wie sich aus diesem ewigen Geraune
doch immer wieder neuer Sinn ergibt.

Wie sich die Schöpfung immer wieder liebt.
Der Blütenstaub fliegt golden durch die Luft
und setzt sich nieder in die Blütenkluft.

Die Blüten öffnen sehnend ihre Blätter,
die einen offen, andere adretter,
und alles sehnt sich nur nach dem Verschmelzen,
nach dem Gefühl, sich voll im Seim zu wälzen,
im Liebesseim, erzeugt im Schöpfungsakt,
wenn sich der Mahlstein auf den Mahlstein packt.

Die Stimme meines Schöpfers ist erwacht
und raunt und raunet in mir Tag und Nacht.

183. Und du stehst am Gartentor,
und dir wird wie nie zuvor ...
Lachen oder weinen?

Stille witternd trittst du ein ...
Heller grüner Sonnenschein ...
Alles will sich einen.

Einkehr, Heimkehr,
Rückkehr in den Garten ...
Gute alte Seele,
musstest lange warten.

Und das Beet ist frisch bestellt ...
Rund ums Butterblumenfeld
wachsen Himmelschlüssel.

Und die Tafel ist gedeckt,
weißes Tischtuch, unbefleckt,
dampfend warme Schüssel.

Jemand nimmt dich in den Arm.
Alles fühlt sich still und warm,
nur der Wind rauscht leise ...

Führt dich schweigend heim ins Haus.
So, mein Guter. Ruh dich aus
von der langen Reise.

184. Ich streife durch das Laub und wanke,
da kommt mir siedend der Gedanke,
dass ich ein alter Esel sei,
nein, nicht nur sei, ein Esel bin.

Ich sehe zwar der Wesen Sinn,
das außer sich Verwesende
und tief in sich Genesende,
doch bin ich trotz der Tollerei
noch lange nicht von Täuschung frei.

Ich täusche mich den ganzen Tag
durch immer neue Lieder,
die ich zwar gerne hören mag,
doch die mich immer wieder
in eine vorgetäuschte Welt
aus meinem Geist versetzen,
die ich mit Knochen, Fleisch und Kleid,
mit Haar und Schmuck und Eitelkeit
und all ihren Gesetzen
erbaue, wie sie mir und dir
und ihm und ihr gefällt.

185. Als Buschwindröschen strahlst du mir entgegen,
versteckst dich hinterm Busch und windest dich.
Die Wangen kühlst du mir im Frühlingsregen,
in Erika und Veilchen find ich dich.

O Mutter, wie umarm ich Dich,
die große Symphonie.
Im Fliegensummen höre ich
die Weltenmelodie.

Und alles schmilzt, und alles fließt
und alles schwingt und singt,
weil mir die Anmut, die Du bist,
aus jeder Zelle klingt.

Fast werde ich von Sinnen,
die Außenwelt schwimmt hin
und findet sich hier innen
in meinem eignen Sinn.

Mein Sinn umfasst das Weltenall,
darin Planeten tanzen,
in mir schwimmt Mond und Sonnenball,
ich runde mich zum Ganzen.

186. Der Schaffensdrang wallt auf und ab,
wallt manchmal schlimm und manchmal schlapp.
Wir mischen uns – o nein! –
in diesen Schwall nicht ein.

Wir lassen es geschehen,
und was geschieht, das sehen
wir uns nachher mit Brille an,
wenn unser Wille walten kann.

Doch was ist unser Wille?
Ist es das Bild, das stille,
das noch verklärt im Keime weilt,
wenn schon der Reim zum Reime eilt?

Ist es das Wort, das feste,
von dem die letzten Reste
erst schwinden, wenn wir staunend sehn,
wie Wörter immer neu erstehn?

Aus schöpferischer Stille
erquillt des Schöpfers Wille
als stiller Klang und hüllt
sich selbst in Wort und Bild.

187. Aus meinem Herzen dringen Klänge
von innen deutlich an mein Ohr.
Das Hören göttlicher Gesänge
bringt reines Wissen klar hervor.

Welch goldne Stimme mich betört,
Naturgesetz wird zur Gestalt,
die Gottheit habe ich gehört,
Erscheinungsbild der Urgewalt.

Die Wälder meiner tiefsten Träume,
der Urwald raunt und raschelt reich.
So rauschen Blätter alter Bäume,
doch kein Blatt klingt dem andern gleich.

Die Zeitenräder ticken leise
und Máthema, mein Wissenskreis,
zieht mathematisch klare Kreise
und singt: Ich bins, der alles weiß.

Ich bin es, der Gedanken denkt,
der Klang und Form entfacht,
der Los und Lauf der Schöpfung lenkt.
Ich bin in dir erwacht.

188. Schon ist der Morgen da, und vielerlei Gedichte
sind flink aus meinem Muttermund geschlüpft.
Ob wohl die Erde tanzt, wenn sie im Lichte
vor Freude über diese Würfe hüpft?

Ob sie verstanden werden, wenn die ganze Erde
sich langsam auf das Morgenrot bewegt,
und wenn die riesengroße Völkerherde
geteilter Kontinente sich zusammenlegt?

Wenn sich das Festland, das zerspalten, wieder eint,
der alte König wieder freudig weint,
die Erzfiguren wieder auferstehn
aus ihrem Schlummer in den Weltenseen?

Wenn sich die großen Köpfe aus dem Sumpf,
umringt von Pflanzen wie ein alter Stumpf,
mit Triefebärten aus dem Wasser heben
und sacht beginnen, wieder aufzuleben?

Der Morgen naht, jetzt ist es Zeit, zu ruhn
und still das Schönste auf der Welt zu tun.

189. Einmal fern der Heimat tief im Wald
blieb ich viele Wochen ganz allein,
sprach mit keinem, tauchte in mich ein,
bis der Lärm vorbei war und verhallt.

Da sah ich in der Stille
ein altes Gartentor.
Ich trat hindurch und fühlte mich vertraut.

Aus leicht umwölkter Hülle
trat still ein Weib hervor,
die zweite Hälfte, Daphne, meine Braut.

Sie nahm mich in die Arme,
ganz stumm, wir sprachen nicht.
Ich spürte meine warme
Seele dicht an dicht.

Und seither bin ich Dichter,
ich dichtete mich an,
hab zweierlei Gesichter:
Weib und Mann.

Willst Du mich einst verlassen,
lässt Du mich nicht allein,
läufst Du durch fremde Gassen,
hüllt Daphne mich doch ein.

Und auch in Dir sind beide:
Vereint in Deinem Leib
entdeck ich voller Freude
Mann und Weib.

190. **Morgenröte, zeigst du dich wieder,**
schenkst deine Lieder mir ein.
Morgenröte, tränkst meine Glieder,
füllst meine Blüten mit Wein.
2.
Morgenröte tropft ihren Tau
in meine Kelche kühl und blau.
Morgenröte, frisch wie du bist
hast du mich freudig geküsst.
3.
Morgenröte, ihr beiden Schwestern,
sag es der kühlenden Nacht.
Danke beiden, morgen und gestern
hab ich im Innern gewacht.
4.
Schlief ich, wacht ich in ihren Armen,
als Freundin Nacht mich umfing
und mit weichen, wühlenden, warmen
Liedern zum Träumenden ging.
5.
Und die Nacht sang mir ihre Lieder,
sang mir von Abend bis spät,
wie sie abends, Liebende labend,
alles mit Dunkel umweht.
6.
In der Mitte ist sie am tiefsten,
jeder dringt tief in sie ein
und erfüllt sich, was ihm am liebsten,
holt sich vom Weibe den Wein.

191. Meine Rührung zu Dir
giert nicht nach Körperberührung,
meine Rührung zu Dir
giert nach Berührung im Klang.
2.
Meine Rührung zu Dir
giert nach zärtlicher Führung.
Zarte Führung sind wir,
die wir den alten Gesang
3.
wieder gemeinsam erschauen,
jeder Seele ein Licht,
das sie im Dunkel erbauen,
leiten und lenken kann.
4.
Meine Rührung zu Dir,
die aus den Worten hier spricht,
gilt jenem Einen, das wir
gemeinsam, Weib Du, ich Mann,
5.
aus der Wonne erspüren,
die uns ergreift,
wenn sich die Klänge berühren,
bis etwas reift
6.
aus unsrer Liebe Verbindung,
das Du im Schoße gebarst,
in unsrer Wissensfindung,
als Du mir nahe warst,

7.
als Du Dich um mich schmiegtest,
als Du mich schaukeltest, wiegtest,
bis jener Keim erspross,
zündend im Blitz, wild und groß,
der sich in Liebe ergoss.

192. Ich lösche meine Lieder,
verbrenne sie zuhauf,
löse sie immer wieder
in Rauch und Asche auf.

Ich werfe sie zusammen
und einzeln in die Glut.
Ihr Krümmen in den Flammen
tut meiner Seele gut.

In meinem Läuterwahne
verbrenne ich Romane
samt Held und Flammentod.

Ich sehe einfach rot
und fühle mich nicht eher frei,
bis aller Lärm vorbei,
der im Papiere steckt,
das ich befleckt.

Erst, wenn die Glut gestillt,
die vorher wild,
erst, wenn die Asche still,
bin ich am Ziel.

So werden sie zu Erde.
Aus Erde kamen sie.
Selbst wenn ich traurig werde:
Das Gute schwindet nie.

Nach Jahren, nach Jahrzehnten
stehts unverändert da,
und mich beleben wieder
dieselben alten Lieder,
die längst zerstört gewähnten,
ich höre sie so nah,
so innig und auswendig,
wie ich sie einst gehört.

Was innerlich lebendig,
wird nie durch Tod zerstört.

Noch schöner: Selbst die schlechten
Gedichte steigen auch
geläutert wie die echten
aus Asche, Glut und Rauch.

Gerade sie gewinnen
durch jedes Neubeginnen,
und darum tut
die Läuterglut
so gut.

193. **Mein altes Waldesrauschen,**
es wittert mir erneut,
beim in die Stille lauschen,
wenn ich in mich gebeut.
2.
Ich lausche still nach innen
tief in mich selbst hinein,
wo meine Lieder rinnen
aus Milch und Honigwein.
3.
Ich finde eine Zeile,
sie taucht im Munde auf,
und Wort für Wort mit Weile
setzt sich das Lied in Lauf.
4.
Das Lied aus vielen Blättern,
das viele Zweige hat
und doch in klaren Lettern
im Reigen Blatt für Blatt
5.
sich drehet und sich wendet,
wenn ich das nächste Bild
beschreibe, bis es endet
und nichts mehr quillt.
6.
Dann kommt die große Pause.
Im Haus steht alles still.
Das Ticken vor dem Hause
erscheint mir schrill.

7.

Im Stillen tickt es weiter,
unhörbar, innerlich,
ein neuer Wegbereiter
für mich, den Spinner. Ich
8.

beginne doch schon wieder
und fange wieder an
und drehe meine Lieder,
weil ichs nicht lassen kann.
9.

Und um sie mir zu merken,
verkette ich sie dicht,
damit beim Liederwerken
die Lücke leichter spricht.
10.

Die Lücke zwischen Lauten,
die eintritt, wenn du denkst,
mit welchen neuen Bauten
du deine Welt beschenkst.
11.

Du schenkst nach deinen Wünschen,
schmückst deine Welt dir aus
mit Pflanzen, Tieren, Menschen,
Hölle und Himmelshaus.
12.

Und was du dir benennest,
erklärst du fort und fort,
damit du es erkennest
im Rauschen dort.

194. **Ich möchte gerne mehr von dem,**
was in Dir steckt, erfahren
und Dir, was in mir selber steckt,
noch tiefer offenbaren.
Erst wenn wir uns das Innerste
vom Innersten erzählt,
was uns seit Anbeginn der Zeit
tief auf der Seele schwelt,
wird uns das Wissen wieder kund,
das vor dem Zeitenbruch
allüberall im Kreise rund
wie Kissen in der Luft
im Räderticken einer Uhr
im Stillen nach uns ruft:
der alten Seelen Ehebund
geheimer Zauberspruch.

Der Zauberspruch der Ehe scheint
uns durch den Quantenschaum,
wo Ehe alle Seelen eint
jenseits von Zeit und Raum.

Seit ehe hat Vergessen
sich über uns gelegt,
die Einheit, die gewesen,
war just wie weggefegt.
Wir brauchen nur erinnern,
was vor dem Ehebruch
in unsrem Innern ewig kreist,
dann wissen wir den Spruch.
Dann können wir die Einheit
der Seelen voll erreichen,
und Seeleneinheit heißt doch nur
Verschmelzen ohnegleichen.

Unendliches Verschmelzen,
nach dem sich jeder sehnt,
weil er sich sonst stets ungestillt
und ewig einsam wähnt.

Ich habe einen Teil vom Kreis
des Ganzen schon entdeckt,
erst beim Erzählen wird, wer weiß,
der ganze Kreis erweckt.

Die Sprache ist das Flügelpferd
auf dem Bewusstsein reitet,
auf dem die Seele, die verehrt,
zur andern Seele gleitet.

Und ist sie bei ihr angelangt,
schlüpft sie sofort hinein.
Zwei Seelen ineinander,
was könnte schöner sein.

195. Hab ich dein Herz getränkt? Dann ist es gut.
Mit jeder Freudenträne kommt dir neuer Mut.
Wir fühlen uns im Alten noch befangen,
sind noch entwöhnt vom höheren Verlangen,
und müssen erst mit Tränen unsre engen,
seit Urzeit angelegten Fesseln sprengen,
ehe wir wieder, wie es anfangs war,
bevor die Weltenseele sich zerteilte,
zusammensitzen können, rein und klar,
im Weltenteich, wo diese Seele weilte.

Der Teich liegt nicht in der Vergangenheit.
Er scheint nur ferne in der langen Zeit,
weil wir in Raum- und Zeitengrenzen denken.

Wenn wir den Schritt zum Grenzenlosen lenken,
zum Garten unsrer Gegenwart, zum Hier,
zum Teiche unterhalb der Grenze, sehen wir:
Wir sitzen immer noch am Teich und warten,
dass alle, die Vergessen überfiel,
die glaubten, man vertriebe sie vom Garten,
zurückgeritten kommen bis ans Ziel,
wo alle Seelen, ewig, überall,
glücklich verschmolzen sind wie vor dem Fall.

Ich möchte diese Einheit wiederfinden,
zunächst mit Dir, dann mit der ganzen Welt,
das Innerste erinnern und ergründen,
das alle Seelen dieser Welt enthält,
und wieder merken, dass ich ungeteilt
das EINE bin und bleibe. Komm, es eilt!

Das alte Paar, das sich vertreiben ließ,
steigt auf und reitet heim ins Paradies.
Ob Wolkenritt, ob Weltenteich, ob Garten,
wir sollten mit der Heimkehr nicht mehr warten.
Erwacht ein Lied in Dir?
Dann sag es mir.

196. Aus dem Blätterwald strömt Liebesglut herüber.
Das Rauschen zündet mir, der Tropfen schwillt.
Der helle Seim läuft allerorten über
wenn Met und Honigmilch im Klange quillt.
2.
Die Kreise drehen sich in allen Sprachen.
Türkis und rötlich läuft der helle Saft.
Wenn wir die Quelle, die wir anfangs brachen,
vom vollen Fasse zapfen, strömt die Kraft.

3.
Die Liebeskraft verbindet alle Wesen,
taucht sie ins Meer. Die Flut erreicht den Berg.
Und alles Einzelne, was einst gewesen,
verschwimmt, vermengt, verwischt in diesem Werg.
4.
Wir spinnen wieder unsren alten Flachs,
der alles eint, was sich noch sträuben will.
Die spröden Seelen schmelzen hin wie Wachs
und ruhen in der Tiefe, blau und still.
5.
Die dunkelblaue Stille dunkelt auf,
wird heller, wird türkis, wird rötelich.
Ich stehe hier am Fasse blau und sauf
den Saft der Götter. Wie gemütelich
6.
beschwingt sich mir das blauende Gemüt!
Ich sehe, wie der Saft nach oben zieht,
als gelber Glitzernebel in die Wolken steigt,
und alle Götter sitzen eingeneigt
7.
und schlürfen sich aus dem von mir geseimten Saft
die Kraft, die ihrer Seele Nahrung schafft.
Die Götter werden dabei selber blau
und schmausen schmatzend in der Innenschau
das fette Rind, das hier gebraten wird.
8.
Und wohlgeraten kommt dem Wirte der Applaus
der Götter, die vereint in seinem Haus
den Festschmaus zehren
und den Gast belehren,
wie sich die Rede bei den Göttern ziert.

197. **Dichter, erwecket Euch, lasset erklingen,**
was Euch im tiefsten Inneren schwingt,
in der Stille, wo seit Beginnen
MEINE Weise in jedem singt.

Wecke deine Brüder, Schwestern,
rüttel, schüttel sie!
Dichtung gab es nicht nur gestern.
Gestern gab es nie.

Nie war gestern je gewesen.
Hätten Dichter dort gesucht,
könnte heute keiner lesen,
welche Worte sie verbucht,

als sie still im Augenblick,
Hier und Heute standen
und gerührt und weh ein Stück
zu sich selber fanden.

Nagel die Dichtung nicht
in die Vergangenheit.
Nage die Richtung dicht
an ihrem langen Kleid.

Lasst uns nach den Weisen suchen,
die uns tief im Innern rühren,
dass wir sie zu Kreisen buchen,
die uns zum Erinnern führen.

Anfangs stand der Wessobrunner
klar als Meilenstein im Land,
der beschrieb: Das größte Wunner
war, als ich die Allmacht fand.

Meister Eckhart, Goethe, Schiller,
Angelus Silesius,
Rilke, Hesse, Moog und Müller,
überall ist Somafluss.
Seht, wie es goethet und schillert,
wie es errötet und müllert.

Sieben Seher mit Bart
haben das Wissen bewahrt.
Waren sie anders als wir?
Lenkten sie nicht ihre Schritte
ebenso in die Mitte,
bis sie sich fanden
und standen
im Jetzt und Hier?

Aus bauchigen Fässern
zapfen wir Saft,
aus stillen Gewässern
schöpfen wir Kraft.

Der Seim der Götter hat mich angesäuselt,
die Vögel zwitschern, das Gestirne kreiselt,
die Hühner lachen wieder auf den Dächern,
im Walde hör ich Blätterrauschen fächern.

198. **Und es klappert wieder im Gebälke,**
und es donnert wieder im Gewölke,
und die Himmel reißen sich erneut
durch die aufgespannten Himmelshäute.
2.
Wie sie rissig werden und zerplatzen,
wenn die Finger durch den Himmel kratzen
und das Auge voller Erfurcht schaut,
was im Himmel hinter dieser Haut.
3.
Durch die winzigkleine Seifenblase
schnuppert neuerwitternd meine Nase,
schnuppert altbekannten Heimgeruch
aus der Heimat vor dem Weltenbruch.
4.
Wo ich unendlich zu Hause war,
meine Schöpferklause wunderbar,
die umringt von ihrem Ring der Kraft
aus sich selbst heraus die Ringe schafft.
5.
Meine Ringe drehen sich im Kreise,
ticken tiktiktik die alte Weise,
laufen zahnradartig ineinander,
wenn ich durch die Augenblicke wander.
6.
Meine Augenblicke stehen still,
wenn mein Augenblick nicht wandern will,
wenn der Blick sich nur nach innen richtet
und im gelben Honigseim verdichtet.

7.
Alle Riesenräder in der Luft,
sind ein längst verlachter dummer Duft,
die ich mir zum Spiele nur erdachte,
als ich Schalk den alten Unfug machte.

8.
Unfug machte ich mit Fug und Recht,
er gefiel den Menschen gar nicht schlecht,
ja den meisten sogar ausgezeichnet,
wie es noch im Liederbuch verzeichnet.

9.
Langsam blätter ich durchs Liederbuch,
weil ich irgendeine Stelle such,
und die Lieder werden mir lebendig,
ich erlebe sie in mir inwendig.

10.
Was ich mir schon alles ausgedacht!
Ja, ich staune nur, wer so was macht.
Dieses Buch, das darf ich niemand zeigen,
was da alles steht im Schöpfungsreigen.

11.
Und die Helden nehmen es todernst,
bis du großer Held es wieder lernst,
dich herauszuschwingen ins Gewölke,
und dann klapperts wieder im Gebälke.

199. Heimkehr, Heimkehr in den alten Garten.

Endlich stehe ich am Gartentor.
Schwester, liebe Braut, du musstest warten.
Doch jetzt lieben wir uns wie zuvor.

2.
Nein, noch mehr, zehntausend-tausendfach,
ist die Liebe zwischen uns gewachsen,
seit ich aufbrach, aus der Stille brach,
aus der Mitte meiner Weltenachsen,

3.
meine Schritte an die Ränder setzte,
mich an meinem Weltenrand ergötzte,
und vergaß, dass du hier stehst und wartest,
und du wartetest getreu und harrtest

4.
und verströmtest deinen Nardenduft,
und dein Blick verfolgte meinen Weg
aus dem Hause, durch die Felsenkluft,
über meine Brücke, meinen Steg,

5.
tief ins Tal, weit weg von Weib und Bergen,
durch die Tore, sich beim Wächter hehlend,
immer weiter, tiefer abwärtsstehlend,
bis ins Märchenland, bis zu den Zwergen,

6.
tief hinab in jene kleine Welt,
wo in Kraut und Rüben Würmer krauchen
und gerade dort die Liebe brauchen,
die ihr Herz noch etwas weich erhält,

7.

dass sie spüren, wie sich darin noch
Hoffnung, Sehnsucht nach dem wahren Leben
regt und reift, und wie das Herz nur geben,
einfach geben will, es regt sich doch.

8.

Es will fließen, es will wieder sein,
wie es anfangs war, voll Milch und Wein,
voller Honig, voller Met und Tau,
es will strömen, voll und rein, zur Frau,

9.

die ihn anblickt aus den tausend Frauen,
die ihn zärtlich streichelt, zärtlich küsst,
die ihn warmdrückt, dass er nicht vergisst,
wie es war auf jenen hellen Auen,

10.

wo ihn Nymphen warben und umspielten,
ihn mit Garben schmückten, fächelnd kühlten,
ihn umkosten, ihn umtanzten, seinen Lüsten
eine Weide mit den wiegend-weißen Brüsten,

11.

dass er wiederum vergessen sollte,
wer am Tore wartet, treu und still,
seine Eheschwester, seine Holde,
die seit tausend Jahren sehnend will,

12.

dass er sich erinnert an die Braut,
die vom Himmelstor herunterschaut,
wie er sich vor Sehnsucht nach ihr windet,
bis er heimkehrt und sie wiederfindet.

200. **Hast du gesehen wie aus Zweigesspitzen**
des Blätterwaldes, den ich singe, sacht
in manchen Obertönen, manchen Ritzen,
das leise Gegenteil in Dir erwacht?
2.
Du summst das Lied mit Deiner Stimme nach und findest,
dass es an manchen Stellen anders klingt,
ergänzst es mit dem Eigenklang und windest
ein neu Geflecht, das mit dem Ganzen schwingt
3.
und dieses Ganze wunderlich veraltet,
verjüngt und runder macht, ich weiß nicht wie,
als ob die Urgestalt sich selbst gestaltet
in neu erwachter, neu entdeckter Harmonie.
4.
Es kommen Stellen, die schon lückenlos gefüllt,
du wartest auf den Einsatz, er kommt nie,
du siehst dein Sehnen schon im Schoß gestillt
durch die seit langem nicht gehörte Melodie.
5.
Dann kommt ein Wind, ein Hauch, ein Blätterrauschen,
wo du beim Hören spürst, in Dir erwacht
beim ahnungsvollen, schmerzhaft süßen Lauschen
ein Zweig, der leise rauscht und beim Vertauschen
das alte Waldesrauschen voller macht.
6.
Du fügst ihn ein und reihst Dich in die Dichtung,
die unsre Weltenseele dichter webt,
und gibst dem Liede eben jene Richtung
des Augenblicks, der grade in Dir lebt.

7.

Wir stehen allesamt in einem Kreis,
im Kreis der Augenblicke, schauen in die Mitte,
und jeder meldet sich zu Wort und sagt: Ich weiß.
Ich weiß den Satz von hier zum nächsten Schritte.

8.

Ich selbst, der alte Soma Pegasus,
der in dem Menschensohn, der diese Zeilen wispert,
lebendig wurde, bin ein Stück vom Fluss,
der in uns allen als Gesamtes flüstert.

9.

Ich fließe ein beachtlich großes Stück,
doch bin ich nur ein Teil des ganzen Flusses,
der in uns allen, die ihn hören, voller Glück
zum Ganzen schmilzt. Zurück zum Ganzen muss es.

10.

Und darum, Dichter, Denker und Poeten,
Propheten, Liedersänger, Weise, seid nicht faul,
lasst uns zusammen diese Dichtung kneten,
die, wenn wir reiten auf dem Flügelgaul,

11.

in immer neuen Wolkenritten kündet,
wie jeder einzelne von uns zum großen SELBST,
zurück zu Rik, zurück zum Ganzen findet,
wo du dich rundest und zum Himmel wölbst.

II. Prosalyrik und Kurzprosa

DE POETA.
Dat gafregin ih mit firahim
firiuuizzo meista.
dat ero ni uuas noh ufhimil.
noh paum noh pereg ni uuas.
ni nohheinig noh sunna ni scein.
noh mano ni liuhta. noh der mareo seo.
Do dar niuuiht ni uuas enteo ni uuenteo.
enti do uuas der eino almahtico cot
manno miltisto.

VOM DICHTER
Das erfuhr ich unter Menschen
als der Wunder größtes,
dass Erde nicht war noch Aufhimmel,
noch Baum noch Berg nicht war,
noch Irgendeines, noch Sonne nicht schien,
noch Mond nicht leuchtete, noch der Meere See.
Da dort nichts nicht war an Enden und Wenden,
da war doch der eine allmächtige Gott,
der Menschen mildester.
    — Der Wessobrunner Erfahrungsbericht (8. Jh.)

De poeta.

Dat gafregin ih mit firahim
firi uuizzo meista. Dat ero ni
uuas. noh ufhimil. noh paum
noh pereg niuuas. ni[noh]heinig
noh sunna niscein. noh mano
niluhta. noh der mareo seo.
Do dar niuuiht niuuas enteo
ni uuenteo. enti do uuas der eino
almahtico cot manno miltisto.

Ausschnitt der Pergament-Handschrift mit althochdeutschem Text, die im Kloster Wessobrunn aufbewahrt wurde.

Zum Geleit: Der quantenlyrische Augenblick

Die Beschreibung einer klaren Transzendenzerfahrung aus dem 8. Jahrhundert, die von anderen als „Wessobrunner Schöpfungsgedicht" gedeutet wurde, stellt eines der ältesten Zeugnisse althochdeutscher Dichtung dar. Seither haben deutsche Dichter und Denker immer wieder Augenblicke ihres Lebens beschrieben, die sich der alltäglichen Erfahrung der Umwelt entzogen und ihrer Innenschau eine Wirklichkeit öffneten, die sich weder mit den äußeren Sinnen noch mit dem „gesunden Menschenverstand" erfassen ließ.

Solche Augenblicke, die sich dem Verständnis unseres Wachbewusstseins entziehen, lassen sich oft nur in Bildern oder Vergleichen beschreiben. In Bildern, die manch einer aus seinen Träumen kennt, ein anderer im Zustand tiefer Selbstversenkung in sich entdeckt, Bilder, die in tieferen Bereichen der Seele schlummern und, wenn sie aus dem Unterbewusstsein aufsteigen, ihre eigene Sprache suchen, in der Klang und Form dichter zusammenrücken als im Alltag: die gebundene Sprache der Lyrik und Dichtung.

Diese lyrischen Schilderungen zeugen von einer Wirklichkeit, in der sich das klassische Weltbild auflöst zugunsten einer quantenmechanischen Weltsicht, die feinere Ebenen der Schöpfung bis hin zu ihrem letzten Ursprung zu erfassen sucht. Solche Momente der Seelenreise durch die geistige Welt nenne ich den „quantenlyrischen Augenblick".

Der vorliegende „Kreis der Augenblicke" reiht Augenblicke meines Lebens aneinander, die ich in fünf Jahrzehnten der Meditation erfahren durfte, und ordnet sie ein in den ewigen Kreislauf, den jedes erschaffene Wesen durchläuft, vom kleinsten Partikel über die Menschenseele bis zum größten Sternenhaufen: den Kreislauf zwischen Manifest und Unmanifest, zwischen der Reise nach innen zum einen, großen, kosmischen Selbst und zurück nach außen in die Vielfalt dieser Welt.

Wir beginnen im normalen Alltag, wandern durch Traum und Seelenbilder nach innen, bis wir uns erinnern, wer wir sind, und erfahren dann die subjektive, aus dem Selbst erschaffene Außenwelt.

— Oebisfelde, im April 2015

201. Ich sah sie im Bus.
Auf der Sitzreihe hinter mir schräg gegenüber. Als ich mich zum zweitenmal umschaute, sah sie mich an, und ich ließ, nachdem es geblitzt hatte, meinen Blick sofort weiterschweifen, als hätte er sie nur zufällig gestreift.

Frisch vom Flughafen kommend, haftete noch der Flair des Reisestaubs an mir. Meine Schuhe, in China gefertigt, seltsam klobig und doch aufgelockert mit Wildleder, Stoff und Gummi, braun, schwarz und geriffelt, dazu meine Reisetasche mit dem Gepäckstreifen der Delta Air, machten mich in ihren Augen zum Globetrotter.

Wir näherten uns der Haltestelle, wo ich den Bus und damit ihren Blick verlassen musste. Ich nahm mein Gepäck von der Plattform, stieg aus und bemerkte zu meiner Freude, dass sie ebenfalls ausstieg. Während ich meine zweite Tasche schulterte, überholte sie mich und bog in dieselbe Straße ein, in der meine Mutter wohnte. Kräftigen Schrittes stürmte ich voran, meine Reisetasche mit lautem Gedonner über den Bürgersteig rollend, während ich den Schnitt ihrer Jeans und ihren Gang musterte und mir vorstellte, wie ihre Beine gewachsen sein mussten, um diesen Hosenbeinwurf hervorzurufen, der an den Schenkeln anlag und unten in ausgefransten, nach oben umgestülpten Rändern endete.

Drohend näherte sich ihr mein Rädergrollen. Auf engem Gehweg überholte ich sie, aber mein Mutwille ließ es nicht zu, sie jetzt und hier anzusprechen, mit leichtem Nicken oder einem erkennenden Ach-Sie-wohnen-hier-auch. Nein, ich rollte an ihr vorbei, starr nach vorn blickend, ohne den Kopf zu wenden, dennoch ihren Blick und ihr apart geschnittenes Gesicht deutlich vor Augen. Denn ihr Profil war es gewesen, das mich gefesselt hatte.

Ihr Gang hingegen deutete auf einen Trott, der im Sesshaften anzutreffen, auf festgepflasterte Ansichten, ermüdende Zähflüssigkeit, obwohl das in ihrem Alter sicher zu lockern wäre. Eben deshalb sagte ich nichts. Wollte mir den Traum nicht durch eine falsche Stimme, ein falsches Wort, ein zu plumpes Schnutenziehen zerbröckeln.

Dennoch bemerkte ich voller Genugtuung, dass sie, jetzt hinter mir, genau verfolgte, wie ich mit rollender Tasche die Straße überquerte, ins Gartentor einbog und zum Haus meiner Mutter schritt. Falls ihr daran gelegen war, wusste sie jetzt meine Anschrift und sicherlich auch den Hintergrund meiner Familie, denn der Ort zählte keine dreihundertfünfzig Seelen.

Zufrieden mit meinem Werk der scheinbar unbemerkten Verständigung drückte ich den Klingelknopf am Haus und … vergaß, ja, vergaß sie vorübergehend, sprach mit Mutter, Bruder, Neffe, Schwägerin, faxte einen Leserbrief, der keinen Aufschub duldete, und legte mich schlafen, um den Jetlag auszubügeln.

Hier nun geschah es, nachts gegen zwei.

Auf allen Vieren lief ich durch unbekannte Gegend. Seltsame Innenhöfe einer Siedlung, deren Ausgänge alle in Sackgassen mündeten. Der Versuch, einen Ausgang zu finden, endete bei jedem Häuserblock in kleiner werdenden, allseits von Häusern umsäumten Wegstummeln.

Endlich eine Torfahrt, dahinter ein Innenhof, und hier entdeckte ich sie in einem Streitgespräch mit einem Blondschopf mit Brille. Das ginge so nicht, sagte der Blondschopf zu seiner Freundin/Schwester/Frau, sie solle sich nicht so anstellen. Sie zog eine Schnute. Eben die Schnute, die ich befürchtet hatte.

Hier also saß sie, im Hof auf gepflastertem Platz. Ob sie die Schnute nur zog, weil sie von dem Blondschopf unterdrückt wurde? Könnte ich ihr helfen, sich aus seinem Griff zu befreien?

Ich kroch auf allen Vieren vorbei und versuchte, mir ihre Hausnummer zu merken. Aber es gab keine Nummern. Als ich mich umblickte, waren die Häuser hinter mir verschwunden. Rückwärts blicken gehörte nicht zu dieser Welt. Rückschau war hier nicht möglich.

Die Welt, durch die ich lief, war nicht aus Stein. Eine keimende Welt aus knisterndem Schaum. Von Augenblick zu Augenblick aus neuen Gesetzen erbaut. Wie meine Vierfüßigkeit, bei der ich mich wohlfühlte, da meine Knie selbst auf hartem Pflaster nicht schmerzten. Vierfüßig vorwärts zu kriechen war hier das Selbstverständlichste der Welt.

Endlich eine Straße, breiter als die anderen. Ich bog in diese Straße, kam aus der geschlossenen Hoflandschaft ins Freie und suchte nach meiner verstorbenen Schwester, der ich meine Neuentdeckung schildern wollte. Aber sie war nicht da.

Die Landschaft wurde kahler, einsamer, öder, bis sie in den weißen Laken mündete, zwischen denen ich im Bett lag und das Bild vom Nachmittag vor Augen hatte: ihr apart geschnittenes Gesicht im Bus, auf der Sitzreihe hinter mir schräg gegenüber.

202. Reglos sitzt er da.

Auf einem einsamen Stuhl neben der Glastür von Ausgang B. Ein Farbiger, hingestreckt wie eine Schaufensterpuppe. Breitbeinig ruhen seine gelben Gummistiefel auf der Erde. Auf dem Bauch der kokosnussbraunen Hose schlafen seine gefalteten Hände. In rotem Anorak und gemustertem Hemd, wie in einem Liegestuhl zurückgelehnt. Sein nach hinten gefallener Kopf liegt waagrecht hinter der Lehne. Ein Mensch? Eine Puppe? Ein Toter? Oder lebt er noch?

Vorsichtig gehe ich an ihm vorbei und setze mich vor den Ausgang von Ankunftshalle C, wo die Passagiere der United Airways aus Washington ankommen sollen. Die Maschine hat voraussichtlich eine halbe Stunde Verspätung. Also habe ich Zeit. Ich hole einen Apfel aus meiner Tadche und denke an den reglos Sitzenden. Seine Ausstrahlung lässt mich nicht los.

Jetzt müsste ich eine Kamera dabeihaben. Aber ich habe ja Papier und Stift. Ich gehe zurück zur Glastür von Ausgang B, vorbei an dem Farbigen, dessen braunglänzendes Gesicht wie in Bronze gegossen wirkt. Seine Lippen sind halb geöffnet. Alle Muskeln seines Körpers sind völlig entspannt.

Ich skizziere seine Haltung auf dem Stuhl, den nach hinten gefallenen Kopf, dessen geschlossene Augen senkrecht zur Decke gerichtet sind. Ich trete näher heran, um zu prüfen, ob es vielleicht doch eine lebensecht gestaltete Schaufensterpuppe ist. Aber sein Haar, seine Wimpern, sein offener Mund lassen keinen Zweifel: ein Mensch aus Fleisch und Blut.

Kein Hauch kommt aus seinem Mund, kein Schnarchen tönt aus der Nase, kein Beben bewegt seine Brust. Durch die halbgeöffneten Lippen sehe ich seine perlmuttglänzenden Zähne. Und ich erschrecke. Kein Atem. Kein Lebenszeichen. Seit Stunden scheinbar entspannt auf einen Ankömmling wartend, aber vielleicht schon längst steif und kalt. Hingestreckt durch eine Spritze, die ihm jemand in einer nahen Toilette verpasste, damit er auf diesem Stuhl vor aller Augen ins Jenseits ging.

Ich scheue davor zurück, ihn zu berühren. Ich würde zusammenzucken, wenn er kalt wäre. Und wenn nicht? Dann würde *er* zusammenzucken. Mich verwundert anschauen und als Dieb betrachten. Oder als Homo.

Während Reisende und Wartende unbeteiligt durch die Halle gehen, stehen oder sitzen, wird mir unheimlich zumute. Mitten auf dem belebten Flughafen eine derart bizarre Szene. Welcher Geheimdienst ist hier aktiv? Wessen Wirken ist das? Etwas stimmt hier nicht. Ich sehe mich um, ob andere Passanten ebenfalls stutzen. Keiner achtet darauf, dass ich ihn wie ein Leichenbeschauer ganz aus der Nähe mustere.

Keine zehn Meter entfernt ist der Informationsschalter 14. Ich trete zum Schalter und sage: „Hier vorne auf dem Stuhl sitzt ein Toter."

„Sind Sie sicher?"

„Er atmet nicht. Ich beobachte ihn schon eine ganze Weile aus nächster Nähe. Völlig zusammengesackt sitzt er da. Der Kopf nach hinten gefallen."

„Wo?"

„Dort an der Glastür. Auf dem einzelnen Stuhl."

„Moment. Der Kollege geht mal mit."

Ein Beamter in blauer Uniform tritt aus der Seitentür. Festen Schrittes geht er auf den Toten zu. Jeder sieht es: Dieser Mann wurde in aller Öffentlichkeit niedergestreckt. Auf einem einsamen Stuhl. Jedem zur Schau und zur Warnung. Direkt neben Schalter 14.

Der Beamte beugt sich nahe zu ihm und ruft: „Heho!"

Der Kopf des Toten kippt in die Richtung, woher der Ruf kommt. Ein Auge öffnet sich und schließt sich wieder.

»Erst mal vergewissern.« Der Beamte nickt mir zu und stapft zum Schalter zurück.

»Entschuldigung.« Ich spüre, dass ich mich hier nicht mehr blicken lassen darf.

Während ich mich Richtung Ankunftshalle C verdrücke, wo mein Kumpel aus Washington ankommen soll, sehe ich, wie der Farbige aufsteht und, mit beiden Händen den Stuhl unterm Hintern festhaltend, sich am Infoschalter vorbei Richtung Ankunftshalle A bewegt. Wie ein vom sonnigen Mittagsschlaf aufgeschreckter Hirschkäfer, der in den Schatten kriecht, um weiter zu ruhen.

Schade, denke ich. Durch meine Schuld wurde er aufgeschreckt.

Auf der Heimfahrt im Zug muss ich noch Stunden lachen über den Streich, den ich den Schalterbeamten unfreiwillig gespielt habe: Mindestens zehn Sekunden lang saß neben ihrem Arbeitsplatz – auf exponiertem Stuhl für alle sichtbar – ein auf geheimnisvolle Weise Hingerichteter.

203. Auf der Party nach der Vorstellung geschah es.
Er hatte gehört, sie sei eigens aus Mailand angereist, um ihn zu sehen. Habe wichtige Termine abgesagt, um sich seine Show nicht entgehen zu lassen. Er hatte wie immer gespielt, trotzig und frei, ungezügelt im Publikum, diszipliniert auf der Bühne. Aber ein Prickeln hatte ihn die ganze Zeit einen Glanz besser spielen lassen als gewöhnlich. Das Prickeln, zu wissen, dass sie ihn sah. Frauen flogen auf ihn. Er schritt ins Publikum und suchte sich die Schönsten auf die Bühne. Bein musste zu sehen sein, Busen und Haar, Lippen und leuchtende Augen. Wer Charisma hat, sucht seinesgleichen.

Sein Hochgefühl hatte die Vorstellung noch strahlender gemacht. Geschlagene fünfzehn Minuten stehender Applaus, das hatte er selbst in Japan nicht erlebt. Die Deutschen liebten ihn, er liebte die Deutschen. Und unter der Haut dieses Prickeln, als wäre sein Körper aus Sekt. Es perlte in seinen Zehen, in seinen Fersen, perlte die Waden hoch, perlte in den Kniekehlen, durch die Oberschenkel, perlte in der golden gleißenden Mitte, die er als Quell des Lebens empfand. Es perlte im Steiß, es zuckte durch seinen Rücken. In seinem Nacken schnurrte es wie ein Kater und kurbelte die sprudelnde Fontäne an, die ihm das Gehirn massierte und die Kehle ölte.

Wie Butter flossen ihm die Worte über die Lippen und erfüllten den Raum mit flüssigem Gold, das in die Ohren der Zuschauer floss und den riesigen Saal mit jenem Zaubersaft füllte, der fähig war, Materie verschwinden zu lassen und aus dem Nichts das Unerwartete hervorzuzaubern.

„Du warst großartig", sagte sie.

„Du bist großartig", sagte er.

Das waren die ersten Worte, die sie wechselten. Sie

tanzten zum metallenen Klang der Band, tanzten ohne Hautkontakt. Noch hatten sie sich nicht berührt.

„Hättest du Lust", schlug er vor, „eine Szene für den Fotografen mit mir nachzustellen?"

„Welche Szene denn?"

„Das zeig ich dir."

Während dieser Szene geschah es, dass er wie nebensächlich ihre Hand ergriff und dabei mit dem kleinen Finger ihren Knöchel koste. Silberregen rieselte ihr durch den Rücken. Auch sie hatte während der Vorstellung, nein schon bei der Ankunft am Flugplatz, ja sogar schon während des Fluges, nein schon in Mailand, als sie den Gedanken hatte, seine Show zu besuchen, dieses Kribbeln verspürt, das von Stunde zu Stunde stärker geworden war, je näher der Zeitpunkt der Vorstellung herangerückt und je näher er ihr im Zuschauerraum kam, bis sie es von den Zehen bis zu den Brustspitzen, bis in die Haarwurzeln spürte: Ich lebe.

Das Leben erblüht. Ein Meer schäumt in meiner Brust, gurgelt und gärt, bäumt sich und schäumt, saugt mächtige Wellenbrecher in gähnende Täler, zeigt weinendes Glück und lachenden Schmerz zugleich.

Wie ähnlich waren sie sich doch. Musste er nicht Jahr für Jahr dasselbe ertragen wie sie? Den Fluch der Berühmtheit, bei allen beliebt, umjubelt, umschmeichelt, umtanzt.

Doch wenn man den stillen Augenblick suchte, eine vertraute Seele, die uns als hilflosen Menschen erkannte und Trost auf einsamem Gipfel spendete, war niemand zu finden.

Einsamer Gang durch den Nebel. „Seltsam, im Nebel zu wandern", klang Hermann Hesse im Ohr, „einsam ist jeder Busch und Stein. Kein Baum kennt den andern, jeder ist allein … Wahrlich, keiner ist weise, der nicht das Dunkel kennt, das unentrinnbar und leise von allem ihn trennt."

Diese Trennung – so schwer zu ertragen, so unerwartet auf dem Gipfel des Ruhms, so wenigen verständlich – war nun vorbei. In dem Augenblick, da das Prickeln von seinem kleinen Finger auf ihren Knöchel überschäumte, waren sie beide zum rauschenden Meer geworden, das zwischen Welle und Welle nicht unterschied.

Was kümmert es das Meer, wo eine Welle endet und die nächste anfängt? Nur flüchtige Grenzen trennen Welle von Welle. Bruchteile später sind Berge und Täler vermischt, und keinem teilenden Verstande ist es mehr möglich festzustellen, welches Wasser zu welcher Welle gehörte. Ist es doch Meerwasser, salzig und herb überall.

204. **In das goldene Klangmeer bin ich getaucht,**
in den stillen, alles beseelenden Ton,
der im Herzen jedes Wesens wohnt,
wartend, bis sich das Wesen, laut wie es ist,
wieder der Stille besinnt,
dieser milden, anfangs unscheinbaren,
in matschverklebte Lumpen gekleideten Kraft,
die uns, im scheuen Augenblick des Innehaltens,
auf sich aufmerksam macht durch zärtliche Winke
und uns, sobald wir ihrer gewahr,
durch Nebengassen und Hinterhöfe,
durch Haus- und Wohnungstüren,
über Treppen und Kellergewölbe,
durch Tunnel und Schächte
in eine Wirklichkeit führt,
die auf keinem Stadtplan,
keiner Wanderkarte verzeichnet,
in das hellgrün gewölbte Tal,
dessen Mitte genässt,
und in diese Mitte sinken wir,
bis aus dem Wiesenkragen nur noch der Kopf ragt,
versinken im Erdreich,
bis wir die Wiese vergessen,
und im Inneren brodelts und gährts,
die Erde wird Blut und Organ,
wir wissen nicht oben noch unten,
fallen wir, schweben wir, steigen oder sinken,
und es heben sich strudelnde Wässer über und um uns,
das Ei, in dem wir gebrütet,
wird von tiefblauer Sintflut erfüllt,
bis es prall wird und bricht,
und erneut schaut unser Kopf durch eine Schale,
und erneut liegt ein Kragen um ihn,

aber da ist keine Welt,
wir atmen Luftlosigkeit,
weder Farbe ist sichtbar noch Form,
und doch ist kein Dunkel da,
es glitzert brillanten,
es tönen Fugen aus Glas,
es brechen Kristalle,
denn ausgeschlüpft ist das Küken,
das sich dünkte in einer Welt
mit sternenbesätem Gewölbe,
der Innenhaut jenes Eis,
das dem Menschen als All erscheint,
solange er sich dem eigenen Herzen entfremdet,
sich im achtfachen Purzelbaume aus seinem Herzen bäumt,
bis er sich schließlich,
vom Heimweh berührt,
wieder nach Hause biegt
und einkehrt ins eigene Herz,
wo er im Meere erwacht,
im dichten Klang seiner Liebe.

205. Jetzt fasst es mich wieder.

Dieses Gefühl, als wäre ich in der Verbannung. Ausgestoßen aus dem trauten Kreis der Glücklichen. Von der warmen Ofenbank auf die Straße gesetzt.

Mein Mund zieht sich in die Breite, von weitem könnte man denken, ich lächelte. Aber von nahem müsste man in den großen Pupillen die mit hellgrauer Asche bedeckte Glut glimmen sehen: die Sehnsucht.

Und hinter dem Grau zuckt es wie ein gefangenes Wild. Die Asche zerstiebt, die wunde Glut liegt offen in den Pupillen. Mein Mund verzieht sich wie das Maul eines Tintenfischs. Ich wische mir mit dem Handrücken die Tropfen unter der Nase weg und hoffe, dass mir auf dem Heimweg niemand begegnet.

Die Straße vom Strand zum Hotel ist leer. Die Sonne liegt flach und weißlich über den kahlen Bäumen.

Wieder tropft meine Nase, meine Wangen sind salzig verklebt, ich laufe die Straßenbahnschienen entlang zu meinem Zimmer.

Was habe ich nur getan? Habe ich nicht schon glückliche Zeiten erlebt? Dachte, die Berg- und Talfahrt der Gefühle sei längst überwunden. –

Von wegen. Tiefer als je hocke ich im Sumpf der Gefühle, auf der schwankenden, brechenden Kruste, die mich gleich schlucken und als Moorleiche konservieren wird, wenn es mir nicht gelingt, die Füße aufs Trockne zu setzten.

Das ruckelnde Schienengeräusch der Straßenbahn nähert sich, der rote Schienenwagen hält. Wo finde ich Land? Wo festen Boden?

Soll ich nach links, nach vorn, nach oben oder wohin? Ist denn nichts als Sumpf um mich herum?

206. Schweigen immer wieder.

Eine Wand baut sich auf, sobald ich anfangen will zu reden.
Wie viele Geschichten habe ich erzählt,
Helden und Gegner erfunden, Schauplätze, Abenteuer,
aber alles verblasst,
sobald ich mir die Szenen vor Augen führe.
Ein Irrgarten ist die Welt.
Nur solange ich mich auf der Reise befinde,
rede ich über die Irrfahrt.
Komme ich an der Schwelle des Schweigens an,
vergeht dieser Wunsch. Dann ist das Schweigen das Höchste.
Mit Nostalgie denke ich an die verplauderten Stunden,
die Wohn- und Schlafzimmer voller Gemurmel,
wenn eine Seele eine zweite erkennt, die die gleiche Reise
durchlebt hat und die einsame Wanderung kennt.
Auf stürmischem Meer schaukeln Nussschalen, und ihr
Gespräch rettet sie über die wassergurgelnde Flut, gibt ihnen
Hoffnung, dass es die sagenumwobene Küste tatsächlich gibt,
an der die Seefahrer landen und von der Landung erzählen. Ja,
das Gespräch gibt uns Halt, im Strudel weiterzuschwimmen.
Sei die Nussschale noch so verloren im Meer,
es steckt eine Seele darin, die mit allem verbunden ist,
mit dem Meeresgott selbst, der die Seefahrt
durch Wind und Eingebung steuert.
Die Weltseele, die schweigende Tiefe, umfängt mich,
saugt mich in ihr Geheimnis und erlaubt mir nicht,
den Bund mit ihr zu brechen.
Nur wenige Worte gestattet sie.
Aber darin liegt Trost.

207. Wenn alle Wirklichkeit aus meinen Händen fließt
und wie aus Glas sich immer neu zusammensetzt,
wenn gläserne Choräle Firmamente bauen,
die sich wie Eisgewölbe langsam schließen,
wenn Kuppeln sich aus tausend Scherben bilden,
dann weiß ich, dass ich in der Seifenblase lebe,
in einer Blase, die ich selber blies.
Wie viele Seifenblasen schillerten zuvor?
Wie viele Seifenblasen werden nachher schillern?
Wie viele Blasen, die ich blies, sind schon zerplatzt?
Wie war es, in dem Schillerkreis zu leben,
den ich vor tausend Jahren blies und platzen ließ?
Wir finden heute alte Knochen, die wir suchen.
Wer alte Scherben sucht, der findet Scherben.
Wer aber weiß, wie Seifenblasen platzen,
wie sie geblasen werden, wehen und vergehen, der weiß,
 dass sich die Blase nur von innen selber sehen kann.
Die Zukunft blase ich in jedem Augenblick,
und jeden Augenblick zerplatzt Vergangenheit.
Man glaubt im Filme, ein Kontinuum zu sehen,
doch sinds in Wahrheit stille Augenblicke.
Wenn ich den Augenblick erstarren lasse,
wenn ich die Spule halte, steht der Film.
Und weder morgen war, noch gestern kommt.
Ich drehe meine Spule rückwärts, vorwärts,
und spiele Filme im Geschmack der Zeit.

208. Nein, ich will nicht zertrümmern,
was dir heilig und lieb ist.
Woran willst du dich klammern,
wenn nicht an die Welt, die du siehst?
Kenne ich doch den Geschmack,
wenn eine Täuschung zerbricht.
Wo ist der Traum, den ich liebte?
Bin ich schon wieder erwacht?
Darum gibt es die Welten der Träume und Aberträume,
dass auch das schwächste Wesen mitten im bittersten Los
Süßes zu schmecken glaubt.
Wenn ich es nun zerbräche, wäre es süßer für dich?
Was willst du essen, wenn ich dir sage, deine Speise sei Gift?
Will ich nicht Lachen hören und erfrischenden Jubel,
wenn sich die Kinder auf neue Spielzeuge stürzen?
Müssen wir uns nicht sachte von Stufe zu Stufe tasten,
wenn wir zum Ausgang wollen, wo Stufen zu Ende sind?
Müssen wir nicht, ohne je auszurutschen,
von Pfütze zu Pfütze waten,
bevor wir den Sumpf verlassen und festen Boden erreichen?
Zwar ist es ebenfalls Sumpf, wohin wir uns wenden,
aber schon weniger tief.
Langsam finden die Füße stärker und stärker Halt.
Und immer gibt es welche,
die vor uns auf trockenem Land sind,
und welche, die hinter uns waten.
Im ewigen Gänsemarsch sind wir ein Glied in der Kette.
Nein, ich will nicht zerbrechen, worauf deine Füße ruhen.

209. Der schwarze Hund ist auf mich losgelassen.

Ich bin sein Herrchen. Der alte Eigentümer aber ist sein Herr. Auf schmalem Wege läuft er zwischen Herr und Herrchen hin und her. Er bellt mich an, bringt mich zum Stehenbleiben. Bläht sich auf und macht sich größer als der Weg. Groß, schwarz und schrecklich dehnt er sich vor meinen Augen. Sein Eigentümer aber liebt das Meer.

Er gibt den seltsamen Befehl, den Landstrich mit der Straße einzusammeln, damit wir uns dem Meere schneller nähern.

Er schickt die strahlend weiße Kugel los. Die Kugel schwebt und schluckt den Weg in sich hinein. Die Kugel nähert sich, der Weg wird kurz und kürzer. Ich stehe fast am Meeresrand. Der schwarze Hund flieht vor der Kugel, überholt mich, läuft ins Meer hinaus.

Wie er zurückkommt, ist er plötzlich nicht mehr da. Nichts bellt, nichts hält mich auf, ins Meer zu treten. Und auch ich selbst, das kleine Herrchen, bin verschwunden.

Der Weg ist weg. Die Kugel schluckte ihn ins Licht.

Der alte Eigentümer steht allein im Meer.

210. Wenn aber das Schweigen kommt, dann stehe ich da.
Sehe verwundert, wie ernst du die Spielregeln nimmst.
Die kleinen Götzen sind mir umgefallen,
und doch so viele himmeln sie noch an.
Und darf nicht sagen, dass sie umgefallen sind.
Wenn aber das Schweigen kommt
und den Sinn aus der Welt spült,
dass die leeren Muscheln alle vom Strande verschwinden,
wen soll ich fragen, der meine Lage versteht?
Kann denn ein Freund, der von der Welt überzeugt ist,
mich überzeugen?
Oder kann einer, den es erschauert wie mich,
selber noch sprechen?
Soll ich mich in die Zukunft,
in die Vergangenheit flüchten?
Habe ich Kraft, den Augenblick zu bestehen?

Wenn aber das Schweigen kommt, dann werde ich klar.
Kein Wind verdreht meinen Blick.
Kein Schatten duselt mich ein.
Und der Augenblick wird zu einem Land voller Leben.
Eben noch war alles tot, ausgefressen, zerfallen –
jetzt schon prickelt die Klarheit
mir durch Atem und Blut.
Und etwas Wertvolles bleibt:
Schweigen bleibt im Gedächtnis.

211. Ich entschied mich, in den Wind zu gehen, ihre Seele wieder zu erwecken.

Ich trat aus dem zugigen Zimmer, trat in den windigen Weg, bis ich zum unteren Schloss kam, an die großen Scheiben ihres Gemaches.

In ihrem hellen, bläulichen Körper saß sie am Flügel, bewegte unruhig bebend ihre Glieder. Ich rief ihren Namen. Aber zu leise. Sie träumte mit geschlossenen Augen, machte wilde, traumhafte Gebärden.

Sie lief im Raume auf und ab, horchte, fühlte, spürte und gehorchte, doch den Klang von außen sah sie nicht.

Außen, wo die Seelen an den Scheiben hingen, nach ihr sahen, nach ihr riefen, schon seit Jahren.

Ich war außen, jenseits ihrer Scheiben. Ich lief um alle Fenster, rief sie laut. Niemand konnte sie erreichen, sie erwecken.

Ich nahm Anlauf, stieg ans Fenster zu ihr hin, rief, trommelte mit Fäusten an die Scheibe, wollte sie aus ihrem Traum, wie schön er immer war, in meinen wecken.

Noch bevor es mir gelang, war ich aus dem eignen Traum erwacht.

212. Schaue die stille See.

Kein Windhauch kräuselt den Spiegel.
Vereinzelt hinterlässt ein springender Fisch seine Kreise.
Leise Brise kommt auf. Kräuselnde Wasserfläche.
Winziges Glitzerlicht. Silberne Hütchen blitzen,
die sogleich wieder eintauchen in die Tiefe.
Der Wind bläst stärker.
Länger und tiefer werden die Täler,
steiler und höher die Berge.
Innere Mächte wiegen die Wasserflächen,
heben sie, schütten sie ineinander.
Machtvoll gähnen die Täler, werden zu Wogen,
die ihre Schaumspitzen in schwindelnde Höhen werfen,
sich überschlagen, tosend zusammenbrechen.
Kleinere Wellen, noch im Wachsen begriffen,
werden von großen erdrückt, erschlagen, begraben.
Alles schwimmt ineinander, Welle gesellt sich zu Welle,
mächtige Wogen scheinen sich zu bekämpfen.
Oder spielen sie nur? Streicheln sich?
Suchen ihr Gegenteil, um sich zu stützen?
Wer erfindet das Wechselspiel dieser Wellen,
wenn nicht du selbst in dir selbst?

213. Der Schädel hatte tätowierte Augen.

Seine hellblaue Zunge streckte sich zur Nase.
Unter dem Ohrloch, in der Ecke der Kinnlade,
hing eine dicke, metallisch glänzende Sicherheitsnadel.
Lila Lippen rundeten sich, eine Knochenhaut
zog den Lippenstift nach,
die Lippen pressten sich zusammen,
platzten mit hellem Pfopp auseinander.
Ketten aus Bergkristall hingen von den Halswirbeln.
Metallgrüne Augenlider zogen lange,
gebogene Wimpern hoch,
uralte Schildkrötenaugen blickten mich an.
„Was gaffst du wie einer?" fragte der Blick,
„der nie den erwachenden Tod sah?
Bist du des Lebens? Wessen Genosse bist du?"
Mir verschlug es das Schweigen.
„Schildkrötenschädel", sang der Südwind in mir.
Da zuckte – ich merkte es wohl – das linke Lid.
Oder waren es beide?
Als ich schaute, war kein Gerippe mehr da.
Nur pralles, bebendes Fleisch mit weißblonden Locken,
aufgeworfene, sehnend geöffnete Lippen.

214. Wenn die Jahrhunderte zur Puppenstube werden,
dann duze ich die alten Klassiker.
Dann stehe ich am Frühstückstisch von Bach
und sehe, wie er sein Jahrhundert tapeziert.
Dann steige ich mit Goethe auf den Brocken
und lausche auf die Hexen in der Nacht.
Dann fügen sich die gläsernen Choräle
zu blauen Kuppeln der Jahrtausende.

Und nah und gegenwärtig steht Homer am Strand
und spuckt auf einen nassen Kieselstein.
Und alle haben sie denselben klaren Blick,
und ihre Köpfe ragen aus den Puppenschachteln.
Und David steht, und Salomo steht auf.
Es blüht und welkt Jahrtausend um Jahrtausend.
Wie schnell verfliegen doch die Erdzeitalter.

Und langsam werde ich in einem Raume wach,
wo ich zuhause bin: die Weltsekunde.
Ich blicke mich in meiner Höhle um
und zähle Tage, Wochen, Jahre in den Wänden.
Da ist kein Ende.
Die Sekunde ist zu groß.

215. Wenn sich die Worte spalten
und ihren Kreis offenbaren,
jedes in eigener Sprache eigene Liedrhythmen singt
und in eigener Deutung innerstes Wesen enthüllt,
wenn sich die Saatkerne öffnen und sich von innen erklären,
ohne zu sprießen, ohne den Kern zu verlassen,
wenn sich der Baum verzweigt und seine Krone entfaltet,
ohne dass Same je spross, ohne dass Keimen entstand –
soll ich lange erklären, nutzen die Worte denn viel?
Was nutzt dem üblichen Gärtner,
der Blumen aus Samen zieht,
wenn ich ihm schildere, wie sie im Kerne schon blühen?
Wie schon im Hohlraum des Samens alle Farben erschillern,
schöner als jene, die Biene und Schmetterling sehen.
Hat es Zweck zu beschreiben, wie schön es ist, Äpfel zu
essen? Ist es nicht weiser, Sähen, Gießen und Pflücken zu
lehren, auf dass jeder im Munde eigene Äpfel zerkaut?

216. Eine Tropfsteinhöhle hatte mich verschluckt.
Eine Höhle, die noch keinen Menschen kannte.
Steine gärten in der Ewigkeit, brodelten über Jahrtausende.
Ich sah sie in der Stille stehen.
Meine Lebenspläne, die Termine und Theaterstücke,
alles blätterte von ihren Wänden ab.
Und ich hörte, wie die Steine sangen.
Ihre ewigen Choräle trösteten.
Satt und fettig standen sie und tönten,
mit gesenkten Lidern
hörten sie das Dröhnen in der Stirn.
Und sie standen, meine Steine,
und sie nahmen mich ins Leben auf.

217. **Mancher, dem die Erde laufend**
unter seinen Füßen schmilzt,
glaubt, dass ihn der Wahn ergreift.

Aber sind es nicht die Stumpfen,
die auf trockner Erde laufen,
die vom Wahn gefangen sind?

Sehen nur die rohe Rinde,
ohne Feuerglut zu spüren,
deren Schlacke Rinde ist.

Glauben, dass die Schlacke
alles sei, was lebt.

Und sie suchen mit der Lupe
alle Einzelteile dieser Schlacke zu ergründen,
und erklären dir die Wirklichkeit.

Nicke. Stimme zu!
Denn für sie ist es die Wirklichkeit.

Dennoch gibt es eine Ebene,
wo auch sie schon wissen,
dass es diese Wirklichkeit nicht gibt.

Wirkt sie zwar auf unsere Außensinne,
ist sie doch nur Wirkung, nicht das Sein.
Bin ich hier, dann wirke ich, als sei ich da.
Wahn ist, was das Wirkliche als wirklich wähnt.

218. Und plötzlich stehe ich im blauen Universum.
Das gelbe schmolz, das blaue brach ich auf.
Die Menschen, die ich aus dem gelben kenne,
sind geschmolzen und erscheinen mir wie Schemen,
die ich mir träumend vorgegaukelt habe.
Im blauen Universum aber steht,
nach neuem, kosmisch klarem Wunsch geprägt,
ein Kreis, ein Bogen, eine Brücke aus Kristall,
die sich aus klarer Melodie zusammensetzt.
Die neue Melodie ist altbekannt.
Sie fächert sich aus dem Gesetz an sich.
Der Kreis spielt mathematische Musik.
Ein Universum aus dem Kreis des Geistes.
Der Kreis singt süß und lockt mich näher,
und stehe ich in seiner Mitte, schließt er sich,
fährt seine Dächer aus und
schließt mich in die Kugel,
schließt mich im blauen Universum ein.

219. Abends um neun im Bett.

Dunkel. Ich weiß keinen Raum.
Weiß nicht, ob ich mich ausdehne.
Wie weit ich bin. Wann.
Weiß keine Einzelheiten.
Nur in Erinnerung tritt wieder Dasein hervor,
die Vorstellung eines Alls mit Planetensystemen,
mit einer festen Anschrift meiner Person,
eine Zeitrechnung voller historischer Marksteine,
in die ich mich einordnen kann.
Aber hat das Bestand?
Kann meine Seele die Jahre,
die mit der Geburt eines Erdenleibes begannen,
als Lebenszeit werten?
Zahlen, die wie Mücken um den Schädel schwirren,
während ich auf der Jagd nach dem Tiger bin
und die Weltzeiträume in wuchtiger Brandung
gegen die Stille stoßen und an der Schwelle zerschellen,
wo die Zeit verweht,
wo das Gewaltige in Nichts zerrinnt?

220. Sitze leicht verschnupft im Zimmer,
vor dem Fenster abwechselnd
Schneeflocken und strahlende Sonne,
in mir abwechselnd nostalgisches Schwelgen
von der Zeit des Sturm und Drang,
und völliges Versinken in die Stille,
die allen Lärm der Welt verschluckt.
Dann hat es diese Welt mit Rinderwahn,
Vulkankonkurs, Terroristen und Geiselnehmern
plötzlich nie gegeben. Trotzdem leben wir,
und als Reisender freue ich mich, ab und zu
mitten im Meer einen Mitreisenden zu treffen
und zu fragen, ob und wo denn Land in Sicht sei,
das sagenumwobene Ziel, wo die Wellen von
Raum und Zeit an der Klippe der Stille zerschellen.
Und uns umgibt nur noch knisternder Badeschaum,
in dem wir staunend erwachen.

221. Der Geruch der feuchten Kieselsteine
der Laufkante zwischen Haus und Garten, wo ich das
Laub zusammenrechte, erzählte mir, wie lange die Stei-
ne am Meeresstrand von brechender Gischt auf und ab-
gespült worden waren, jahrtausendelang mit silbrigen
Fischschuppen einparfümiert, bis sie durch ständiges
Spülen und Rollen ihre runde Form erhalten hatten, aus
anfangs kantigen Steinbruchstücken, die vor Jahrmilli-
onen in Gletschermassen zum Meere getragen wurden,
aus hohem Gebirge, wo sie vordem als majestätischer
Felsen noch ganz in den Himmel geragt und sich nie
hätten träumen lassen, einmal als Kieselbedeckung einer
Laufkante zwischen Villa und Garten zu dienen.

222. Ich bin in Zeit getaucht aus alter Sagensphäre.
Ein König steht auf einer Klippe und verbrennt.
Aus Wasserluken zieht man Sklaven zum Verzehr.
Die Welt von heute spielt in dieser Welt Theater.
Mit großen Straßenkreuzern fährt man zum Turnier.
Zum Schauplatz, wo die Zeit zusammenprallt.
Da fallen Worte, die noch keiner je vernahm,
die weder unsre noch die Sagenzeit erfand.
Nun kreuzen Krieger aus der Sagenwelt den Schauplatz,
und ehe ich in unsrer Neuzeit lande,
verändern sie das Bild der neuen Welt.
Die Neuzeitbürger sind entrüstet, sind bestürzt.
Der Turm zerbricht, die Stadt zerfällt,
das Gedankenbild der Neuzeit wälzt sich um.

223. Ich hatte mich in einem Haus verirrt:
„Hotel zur Hölle". Nun suchte ich den Lift, den Weg zum
Ausgang. Doch alle Gänge mündeten in neuen Räumen
voll Verlockungen. Nirgends der Lift, der Weg zum Erd-
geschoss. Wenn ich fragte, war die Antwort: „Ich erkläre
Ihnen gleich den Weg, wenn Sie inzwischen kurz ..."
Und wieder zeigte man mir heißeste Verlockungen.
Der Drang zum Ausgang wurde dringender. Doch keiner
wusste einen Weg hinaus. Da kam der rettende Gedanke:
„Hau alles kurz und klein, dann bist du eher draußen, als
du denkst."
Ich nahm die Axt, und schon Sekunden später war ich
wach.

224. Es knisterte, ich lag im Schaum.
Das Wasser hatte sich mit Luft vermischt
und Myriaden von Seifenbläschen gebildet.
Die Seife verlor ihre Spannkraft,
Luft stieg zu Luft, Wasser sank zu Wasser,
und Bläschen für Bläschen zerplatzte am Ohr.
das weiße Schaumgebirge schrumpfte auf dem See,
auf grüner Wasserfläche vereinzelte Inseln,
die letzten Bläschen verpufften,
und Wasser ward zu Wasser,
glatt wie ehedem.

225. Meine Jacke ließ ich an der Garderobe
mit all meinen Papieren.
Dann wagte ich mich tiefer in den Raum
in die Menge junger Leute, mischte mich ins Gewühl,
Trepp auf, Trepp ab, neue Höhlen gingen auf.
Dann erinnerte ich mich, dass ich hierzuland Papiere
brauchte.
Ich wühlte mich zurück durch alle Höhlen,
über Treppen, Gänge, bis an die Garderobe.
Meine Jacke war nicht da. Die Leute gingen.
„Ich brauche meine Jacke", sagte ich.
Jemand rief: „Wozu? Wach lieber auf."
Da merkte ich: Es gab zwei Möglichkeiten:
Nach der Jacke mit Papieren suchen oder –
den Traum beenden.

226. Wenn das Publikum den Saal verlassen hat,
wenn Klatschen und Gemurmel längst verhallt,
die Rampenlichter längst erloschen sind
und nur ein stiller Gast in einer Loge übrigbleibt,
kommt plötzlich Leben in die stille Bühne.
Die Pappkulissen nehmen Licht und Fülle an,
die Bühne füllt sich ohne Dielenknarren,
und Wesen huschen aufrecht, edel, ungeschminkt,
jedoch mit Königskronen und Gewändern,
in knappen Szenen wie im Dienst vorüber,
bis es in einer Logenecke knackt.
Der stiller Gast, der eingeschlafen war, wacht auf,
und alles schwindet,
nur die Pappkulissen bleiben.

227. Winzig klein bin ich geworden,
kleiner als das Winzigste.
Immer schneller, immer höher ging mein Atem,
und mein riesengroßer Erdenkörper
lag wie eine Burgruine da.
In der letzten, kleinen Kammer, in der Mitte,
trat ich in den alten Garten.
In der Mitte meines Gartens war ein Urwald.
Endlos stieg ich durch die Büsche,
bis ich einen Brunnen fand.
Ich sprang hinein und sank zum Meeresgrund.
Dort saß die Mutter mit dem goldenen Ring.
Ich steckte meinen Finger durch den Ring,
und als ich drehte, schmolz die Welt dahin.
Kein Ich war da, kein Du,
nur weißes Licht.

228. Am Wegesrand stand sie,
von weitem schon leuchtend,
die zarten Blütenblätter still geneigt.
Innen das kräftige, schwarze Gehäuse,
die schwarzen Staubgefäße und der derbe Stempel,
der sich, sobald die Blüte zerfallen,
zum mächtigen Fruchtkorb weiten würde,
in dem der Mohn sich sammelte
für Brötchen und Kuchen.
Wenn ich sie pflückte, das wusste ich,
würde sie nur für Stunden meine Stube zieren
und dann zerfallen wie ein Wild,
das im Käfig verkümmert.
Wehmütig gedachte ich jener Mohnblume,
meiner Schwester,
die es nicht überlebt hatte,
geschnitten zu werden.

229. Jeden Morgen bündelt sich mein Blick
auf etwas aus dem 21. Jahrhundert
in einem Raum, vor dessen Tür der Gang liegt,
der zum Haus führt, vor dessen Fenster
die Morgensonne auf Europa scheint.
Tritt das Etwas deutlicher vor meine Augen,
sehe ich, dass parallel zur Wand,
ein Bett, in dem ich liege, steht.
Dieses tägliche Fixieren meines Standpunkts
der Raumzeit meines Wachbewusstseins
geschieht so unbewusst und automatisch,
dass ich es für selbstverständlich halte,
jeden Morgen an derselben Stelle zu erwachen,
an der ich vorher eingeschlafen bin.

230. Ich saß in der Halle der Stille,
tief in mich selbst versenkt.
Da schüttelte mich ein Weinen wie alte Erinnerung.
Und ehe ich michs versah,
empfand ich mich leichter denn je.
Ich öffnete halb die Augen und sah,
ich saß nicht am Boden.
Ich schwebte in mäßiger Höhe
schwankend vor und zurück
und fühlte mich glücklich.
Langsam fuhr ich im Sitzen
mitsamt meiner Decke nach hinten
und sah mit halboffenen Augen,
wie sich der Boden unter mir
sachte nach vorne schob
und durch die Nachbarn,
die um mich herum meditierten,
ein Staunen und Raunen ging.

231. Eben lag ich wie ein Käfer auf dem Boden.
streckte meine Beinchen hin und her.
Körper regt sich in den festgelegten Bahnen
seiner Sehnen, Muskeln und Gelenke.
Mechanismus eines Hühnerbeins.
Körper hat sein eigenen Bedürfnis,
will sich mehren, neue Körper zeugen.
Geist dagegen möchte Bilder schaffen,
will sich mehren, neuen Geist erzeugen.
Intellekt will neue Brücken bauen, und das Selbst?
Will es neue Selbste zeugen und sich mehren?
Ist es nicht dasselbe Selbst, das die Sprache spricht,
die jeder als die eigene empfindet?

232. In einem offenen Gebäude wohne ich,
wo beide Ausgänge geöffnet sind.
Am Hauptportal, das jeder kennt, stehen Menschen,
winken, feilschen, drängeln, schimpfen.
Zum Garten hin ist nur ein kleines Türchen,
dort herrscht heimliches Treiben.
Was am Haupteingang vermarktet wird,
wird hier klammheimlich angeliefert.
Schmuggelware, Diebesgut,
die im Hause neu verpackt wird?
In der Nacht jedoch dreht sich das Haus,
kehrt zur Straße seinen Hintereingang
und zum Garten nun das Hauptportal.
Jetzt bewegt sich hier der Hauptverkehr.

233. In den höchsten Kirschbaumwipfel stieg ich,
wo die Äste brachen und der Wind die Zweige bog,
bis mein Kopf ins Freie ragte,
um die dunkle Kirsche abzupflücken,
die dort saftig zwischen Blatt und Sonne hing.
Während ich mich streckte und die Äste knarrten,
tropften schon beim Zittern eines Zweiges
die Überreifen auf die Erde,
weich und zart, so glänzend schwarz,
dass ich nicht sehen konnte, welche schon gefault
und welche ihre höchste Reife spürte,
in der bereits die Einsicht dämmerte,
dass zu langes Reifen faulig macht.

**234. Heute beginnt das Leben in der Taubstummen-
straße.**
Neujahr. Verkehr steht still. Geräusche sind verschollen.
Ein Wegweiser sagt: Weg zur Taubstummenwelt.
Eine Straßenbahn bewegt sich ohne Klang.
Die Bahn muss vor mir halten,
weil ich in der stummen Straße nichts mehr höre.
Alle Gegenstände sind aus Zuckerguss.
Selbst der Wegweiser ist knusprig süß.
Alle Häuser sind aus Marzipan.
Straßen sind aus Bretzelteig gebacken.
Und die Luft ist blauer Nebeltau.
Die Geräusche kehren wieder,
aber tauber, weicher, knuspriger.

235. Wenn der Sumpf der Täler schrumpft
und die Berge Asche werden,
was bleibt dann als Welt zurück?
Wenn das Eis der Berge schwindet
und die Täler überfließen,
wohin wendet sich mein Blick?
Wenn, was sich so stolz erhoben
und was duckend sich ergab,
weder da noch dort zu sehen, was bleibt mir bestehen?
Weder Türme, Treppen, Tore,
noch das warme, dunkle Meer,
wo ich still mich bergen konnte, bleiben,
selbst das Meer zerrinnt.
Und ich zweifle, ob ich sei, ob ich je entstand,
ob die Sprache, die ich spreche, je erklang.

236. Die grüne Heimat winkt.
Ich finde zu mir selbst.
Da stehen Wiesen, lange unbetreten.
Da wachsen Beete, dennoch frisch gejätet.
Wer goss die Blumen, hängte die Girlande an die Tür?
Ich trete in die duftend warme Stube.
Der Tisch ist frisch gedeckt. Ich setze mich.
Wie lange ist es her, dass ich hier saß?
Jahrtausende? Jahrzehnte? War es gestern?
Oder sitze ich seit Ewigkeiten hier
und träume nur von langer Wanderschaft?
Auf leisen Sohlen kommen Schritte näher.
Nichts Schöneres, als wieder da zu sein.

237. Es schrumpft in mir der laute Mensch,
der stille atmet auf.
Der Mensch, der viel Applaus bekam, der gerngesehen,
angesehen, die Menge lächelnd unterhielt,
ihm schwindet plötzlich jede Lust, und seine Hüllen
hängen schlaff, vertrocknen, welken, werden Staub.
Der junge aber, der mit großen Kinderaugen
den Günstling halb bestaunte, schmähte, mied,
er räkelt sich und spürt die Glieder kribbeln,
die in der Kasperhülle taub geworden waren.
Die Augen öffnen sich, sein Mund bleibt zu.

238. Ein Handschuh, schlammverkrustet, lag ich da.
Es knarrte, ächzte, wenn ich mich bewegte.
Nur mühsam ließen sich die Finger krümmen.
Da kam ein Schlag. Man schlug den Handschuh aus.
Und noch ein Schlag,
dass mir das Unterste zuoberst schien.
Alle Hüllen, die mich warm geschützt,
brachen von mir, dass mich fröstelte.

Doch als ich mich, verschnauft, erneut bewegte
und spürte, wie sich alles schmiegsam bog,
erkannte ich voll Dankbarkeit,
wer mir die Kruste abgeschlagen hatte.

239. Die Stimme tönt so fern, so leise,
dass ich sie hinter meiner eignen kaum vernehme.
Noch ungewohnt ist es für mich,
auf diesen leisen, zarten Ton zu lauschen.
Das Laute zieht wie Faschingszug vorüber,
zieht um die Ecken fremder Häuser, ferner Gassen,
verliert sich hinter Wäldern, hinter Tälern.
Doch höre ich genauer, dünkt es mich,
dass nur das Leise wirklich nahe klingt.
Ich stehe atmend da und lausche,
wie die Stimme meines Herzens zu mir spricht.

240. Im großen Scherbennetz lag ich
als schräggestelltes Bruchstück da
und spiegelte ein Stückchen Wolkenhimmel.
Da ward das Scherbennetz zum Wellenspiel,
geschmeidig flossen alle Brüche ineinander,
es glitzerte der Himmel überall.
Dann kam der weiße Teich zur Ruhe,
und nichts verriet mehr, ob der Himmel
sich in Wasser spiegelt oder Glas.
Wo war die Grenze, wo der Horizont?
Wo fing der Himmel an, und wo der Spiegel?
Allseits nur helles, taubengraues Licht.

241. Wenn die Scheuklappen fallen,
soll ich mich scheuen zu schauen?
Soll ich mich scheuen zu sagen, was ich erblicke?
Sehe ich wieder den Raum, höre das alte Geraune?
Morgens ertönt mir die Röte,
die mich in Tauwein taucht.
Abends die scheuende Nacht,
die mich mit Sammt bedeckt.
Und in der tiefsten Stunde
tönts aus dem eigenen Herzen,
wo sich die Pulse der Zeit
zur Sprache des Bärtigen wandeln.
Alles aber bin ich.
Nichts ist von außen geboren.

242. **Ich stehe in einer offenen Tür,**
hinter mir weiße Wand.
Vor mir ein Zimmer mit Träumern.
Sie lachen mich an, sie lachen mich aus.
Sie reizen mich, zu reagieren,
sie wollen, dass ich re-giere.
Das Zimmer ist meine Wirklichkeit,
die weiße Wand meine Wahrheit.
Ein Schritt zurück und die Wand verschluckt mich.
Weder Figur noch Form,
weder Zimmer noch Zeiten sind da.
Kein Raum ist hinter der Wand.
Die Zimmer, in denen ich träume,
sind alle davor.

243. **Hilflos steh ich plötzlich da.**
Jeden Augenblick ist alles anders.
Was gerade recht war, ist schon falsch.
Was vorhin verkehrt war, ist jetzt richtig.
Hilflos steh ich da – und handele.
Habe keinen Wert, der gestern galt,
keinen Anhaltspunkt,
der vor tausend Jahren hinter Rom entstand.
Handele – und frage mein Gewissen.
Und ich lerne aus mir selbst heraus.
Werde langsam aus mir selber schlau,
sehe alles Dumme in mir selbst.

244. Sinnend sitze ich am Lagerfeuer,
sehe, wie der Wind die Glut anschürt.
So wie diese Glut empfindsam sein.
Bläst er, leuchte ich, und verglimme,
wenn der Wind mich lässt.
Seismograph – der Bleistift ist mein Pendel.
Pock! Der Wind durchfegt die Glut. Ich bebe.
Bläst er, leuchte ich, und verglimme,
wenn der Wind mich lässt.
Ob ich sprühe, strahle
oder in mich selbst zusammensinke,
das bestimmt der Wind.
Allein der Wind.

245. Wenn die Stimme, die ich höre,
höher wird und mich in feinere Gefilde führt,
betrete ich Gemächer,
die seit langem keinen Menschenleib gerochen,
finde Kammern voller Efeu, Moos und Farn,
wo sich unsichtbare Schätze häufen,
finde zwischen rohen Felsen
alte, schwere Steinaltäre wieder,
frisch beräuchert und mit Blumen in der Schale,
golden glitzert das Altarbesteck,
in der Heimat, wo die Schöpfung nie begann.

246. Was so alles durch den Rücken treibt.
Zerbrechliche Gefühle, kaum zu fassen.
Von der Seite rieseln sie hindurch.
In der Stille meiner Stube sind sie da,
doch im Straßenlärm zerbrechen sie.
Zwischen dem, was man im Stillen macht,
und dem, was man nach außen zeigt,
sind oft seltsame Gefühle,
die so fein sind,
dass man ihnen keinen Namen geben kann.
„So, ich gehe jetzt hinaus
und nehme den Tag in die Hand."

247. Ach, erwache ich nun endlich
aus dem runden Erdentraum?
Knistert meine Welt und bricht?
Raum und Zeit zerfällt zu Schaum.
Wie der kleine Punkt sich weitet!
Falle ich durchs schwarze Loch?
Und ich lande an der Schwelle,
wo ich weder war noch werde,
wo ich bin und doch nicht bin.
Und die Welt, die ich erdachte,
die ich aufgefächert hatte
in den bunten Pfauenfarben,
flirrt und klappt sich wieder zu.

248. Warum wird es nicht mehr dunkel,
wenn ich meine Augen schließe,
selbst in tiefer Mitternacht?
Warum ist der Schlaf so wach?
Warum rede ich im Traum mit liebsten Freunden,
während früher Feinde mich verfolgten?
Wenn mein Menschenkörper schläft, sitze ich
im hellen Schein des Herzens in der Wissenshalle,
und der Vater lädt die Weisen aller Zeiten ein,
seinem Sohn die alten Märchen zu erzählen.

249. Die Zeit läuft rückwärts,
wenn ich einwärts wandre.
Nach außen gehend kommt die Zukunft auf mich zu,
nach innen gehend, beim Er-Innern,
steigt Erinnerung an meinen Weg zutage,
den meine Seele ging seit Jahrmillionen,
bis ich zurück bin an dem Tor, aus dem ich schlüpfte.
Und hat es mich verschluckt, bin ich verschwunden,
verschmolzen mit dem All, bin wieder ICH,
der Urgrund meiner Seele.

250. Wenn ich auf dem Weg nach innen
den Kontakt zur Außenwelt verlöre,
und ich sähe eine Welt, die keiner sieht,
und mir träumte,
dass ich gegen Boxhandschuhe kämpfte,
was würden meine Fäuste damit treffen?
Eine Wand, ein Bettgestell?
Oder gar das Kinn des Nervenarztes,
der zu seinem boxenden Patienten spricht?
Den Weg nach innen gilt es freizuschaufeln,
ohne je den Rückweg zu verlieren.

251. Reue brennt mir durch die Knochen,
brennt mir bis ins Knochenmark,
brennt mir alle Schlacke aus den Adern.
Wieder habe ich etwas getan, das mir zeigt,
für wie wichtig ich, der kleine Mensch, sich hielt.
Könnte er doch aufhören, sich aufzublähen,
und stattdessen mitfühlsam, bescheiden sein.
Ja, es kratzt und knirscht, wenn ich mich häute.
Doch danach fühl ich mich gut in neuer Haut.

252. Manchmal schwimmt mein Intellekt davon
und was Intellekt war, schmilzt mit mir zusammen.
Was peinlich unterschieden hatte zwischen mir und ihm,
stöhnt und gibt den eitlen Unfug auf.
Jene selbsterdachte Insel sinkt zurück ins Meer,
aus dem sie stieg.
Eine Weile zeigen sich Bläschen und Kreise,
dann ist der Ozean so still wie je.
Und nichts bleibt mir zurück, als nur ich selbst.

253. Reglos lieg ich auf dem Bett,
die Sekunden zucken durch den Körper.
Stunden laufen achtlos aus den Fingern.
Sand zerfließt, die Zeit ist nicht zu halten.
Wo ist die Geburt, aus der ich kam?
Wann darf ich zurück, die Quelle sehen?
Warum lässt man mich nicht mehr nach Hause?
Ach, ich merke, dass ich schmutzig bin.
Möchte wieder sauber sein,
möchte unbefleckt zur Quelle kommen.

254. Immer weiß ich, dass der Staub vergänglich ist.
Dennoch wirble ich ihn immer wieder auf.
Immer puste ich die Blume in die Luft,
immer wieder fällt der Same auf die Erde.
Findet Boden, gräbt sich ein, schlägt Wurzeln,
blüht und reift. Und ich pflücke sie von neuem,
puste sie von neuem in die Luft,
zum Himmel, in das silbergraue Meer.
Aber nein, der Same will zur Erde.

255. Das wohlgeformte Alte Jahr wird eingeschmolzen.
Ich halte meinen Löffel in die Flamme.
Der hübsche Bleikrug, zum Schmelzen gegossen,
wird wieder flüssig, ungeformtes Blei.
Ich werfe dieses Blei ins kalte Wasser.
Blitzschnell sucht es eine neue Form,
bizarr, nicht rund, nicht lieblich,
doch kraftvoll, ganz von mir geworfen.
Mein eignes Universum ist erstellt.

256. Ich war ein dicker, roher, schwarzer Klumpen,
als mich ein scharfes Schleifen schreien ließ.
Da wurde meine Außenschicht gedrillt,
gefeilt, gerädelt und poliert,
und eine Seite nach der anderen geglättet.
Durch Mark und Bein erschütterte der Schliff.
Und als ich, fast besinnungslos vor Schmerz,
zu Sinnen kam, lag ich
als Kronjuwel in Gold gefasst.

257. Das ist mein Herbst, ich weiß es wohl,
ich sitze in der Heide.
Die Eichenzweige um mich her
berühren fast das Gras.
Der Horizont ist baumumrankt.
Der Wind krault sanft die Wipfel.
Mein Fahrrad, an den Stamm gelehnt,
belebt die Erika.
Ein Motorrad verklingt im Wald.
Es zittern kaum die Blätter.
Ein Vogel piepst – jetzt ist es stumm.
Ich atme nur und bin.

258. Bin unter Maikäfern im Schuhkarton.
Durch das Guckloch blickt ein Menschenauge,
sieht, wie wir uns krabbelnd mühen,
den Weg zum Guckloch und heraus zu finden.
Da verkleidet sich der Mensch,
legt den Smoking und das Wams des Käfers an,
schlüpft durchs Guckloch und erklärt in unsrer Sprache,
wie wir die Stufen bis zum Guckloch bauen können.

259. Das einstudierte Puppenspiel
wird plötzlich weggepustet.
Der Wind zerreißt den Vorhang des Theaters,
Kulissen fallen, und das Meer scheint durch.
In wildem Donner grollen die Gewalten.
Wolken stieben, Götter murmeln,
mächtig rauscht das Meer.
Die ersten Kräftefelder wittern in den Augen.
Wetterleuchten flackert durch die Stirn.

260. Das letzte Puzzlestückchen
legte ich ins Bild und freute mich,
dass es vollendet war.
Man fragte mich, ob ich ein Neues wolle.
Ich lehnte ab: Das Spiel zu wiederholen
sei zu langweilig, Man nahm das Bild,
verbrannte es und legte mir die Asche wieder hin.
Ob ich es noch einmal zusammensetzen könne.
Jetzt hat das Puzzlespielen wieder Reiz.

261. Plötzlich fallen alle Vasen um.
Wo bleibt Ethik und Ästhetik und Moral?
Die für Jahre ihre Werte trugen,
stehen jetzt mit Kopf nach unten im Regal.
Schwere Eichenmöbel schweben in der Luft.
Nicht nach irdischen Gesetzen geht es zu.
Welche Regeln gelten, muss ich erst ergründen.
Nichts thront mehr auf Selbstverständlichkeit.

262. Und auf einmal steh ich neben mir,
schaue meinem Erdenkörper zu,
wie er seine Schenkelchen bewegt,
meinen Augen, wie sie auf den Regen schauen,
den Gedanken, die sich aus dem weißen Teich erheben,
schaue, wie Verstand zu ordnen sucht,
schaue, wie ich schaue, wie ich schaue,
und betrachte diese Schau aus meiner Sicht.

263. Fragend stehe ich am Waldesrand.
Setze mich. Ein Hund bellt aus dem Dorf.
Ist es Leben, was ich lebe, ist es Tod?
Seicht zu leben ist nicht meine Art.
Bis zur Todesgrenze, bis zur Lebensgrenze
will ich atmen jeden Augenblick.
Und ich schwöre mir, zum Leben aufzusteigen.
Dieses Tote hinter mir zu lassen.

264. Spürst Du das Wehen in der Mitte Deiner Brust?
Ich fühle es von Stund zu Stunde stärker.
Es rührt mich, meine Stimme singt,
mein Denken schmilzt.
Und alles, was ich plante, baute,
zerrinnt in Nichts, zerschmilzt im goldnen Fluss.
Was bleibt, ist dieses Wehen in der Mitte,
dass ich an Dich nur denken muss.

265. Wer ist es, der mich schamlos in die Arme nimmt?
Wer ist es, die mir still ins Auge strahlt?
Wer freut sich so, dass ich zurückgekehrt
und meine treue Seele nicht vergessen habe,
die im Stillen blieb?
Wie viele Augenblicke hast du warten müssen?
Vergiss es, du bist wieder da.
Das ist genug.

266. Da öffnet sich die schlichte alte Pforte,
der stille Alte sieht mich an und lässt mich ein.
Der lange, endlos lange Irrweg
zeigt noch einmal seine Nebelbilder,
dann fährt ein Hauch hindurch und löst sie auf.
Und was mir bleibt
ist weder Weg noch Werden,
nur stehen, atmen und
zu Hause sein.

267. Der Trupp der Roboter, der uns in Schach hielt,
flößt mir plötzlich keine Furcht mehr ein.
Warum sind sie nur so klobig, eckig, grau?
Ich puste mit dem Willen gegen sie, und siehe:
Alles war nur leere Hülle.
Die Schale bricht, und meine Furcht entfleucht,
die diesen Pappfiguren Leben gab.

268. Du siehst, es flackert Licht von innen.
Die Stirne dehnt sich himmelweit.
Im Wetterleuchten flackern die Konturen
der Berglandschaft, die du durchschreiten wirst.
Du ahnst das Grollen, das sich – noch unhörbar –
zum summenden Chorale in dir staut.
Du spürst den Hauch
der Götterdämmerung.

269. Spreche ich zur Stimme meines Herzens?
Keine andre Stimme ist so still,
so vertraut, so wissend und so weise.
Keine andre Stimme zeigt so viel Verständnis
für die kleinsten Schwächen und die tiefsten Wünsche
und ermahnt mich doch im rechten Augenblick,
meine Schwächen stolz zu überwinden.

270. Die weiße Leinwand, die ich anfangs sah,
will mir einfach nicht mehr aus dem Kopf.
Wenn die Spieler gar zu tragisch tun,
schmunzle ich und drohe, Licht zu machen.
Selbst im dicksten Filmgeschehen
liegt mein Finger nah am Schalter,
weiß ich, dass ich eine weiße Wand anstarre.

271. Meine schönen Kartenhäuser!
Alles wird vom Tisch gefegt.
Meine Rechenkästchen werden ausradiert.
Meine vielen kleinen Kästen,
die ich säuberlich sortiert,
werden umgekippt und ausgeleert.
Ich erhasche noch ein Wörtchen,
lass es fallen, und der Klang zerschmilzt im Wind.

272. Siehe, wie sich doch Erkenntnis
immer aus sich selbst ergibt.
Erst ist nichts, und plötzlich dämmert mir:
Da ist was.
Lenke ich mein Augenmerk darauf, merke ich,
dass ich es bin, der ist.
Und schon merke ich, dass ich es merke.
Bin Erkennender, Erkenntnis und Erkanntes.

273. Manche Dinge, die ich sehe, rieche, fühle,
wecken Ekel.
Schon das Hörensagen kann den Ekel wecken.
Früher wollte ich den Ekel überwinden,
heute sehe ich, dass ich ihn brauche.
Ekel stößt mich ab von Dingen, die mir schaden.
Selbst der Ekel ist ein wertvolles Gefühl.

274. Liegt ein winzig kleiner Punkt vor mir.
Wenn ich näherkomme, seh ich: es sind zwei.
Ich bewege mich auf diese Punkte zu,
und sie schwirren rechts und links an mir vorbei.
Doch ein neuer Punkt liegt in der Mitte.
Und wieder:
Liegt ein winzig kleiner Punkt vor mir ...

275. Auf dem Wege aufwärts war es.
Da begann mein Weg zu blenden.
Viele Wege ineinander.
Wo soll ich die Füße setzen?
Das Gewebe lichtet sich.
Und mit einem leisen „Puff"
löste sich die Wirklichkeit.
Weißes Licht erhellte mich,
rund umhüllt von sehnlicher Musik.

276. Die blaue Flamme zehrt meine Schlacke.
Brennt sich durch meinen Körper,
durch Gedärm und Gebein.
Gewissensbisse halten mich wach in der Nacht,
kleinste Fehler bedeuten mir Weltuntergang.
Und ich schwöre einen Eid: Nie wieder!
Das Feuer der Reue zehrt.

277. Meine Blüten springen auf,
die lange Sehnsucht
findet endlich ihr geliebtes Ziel.
Nicht die kleine Liebe,
nicht die Menschenbraut,
nein, die große Liebe tut sich auf.
Die die Schmetterlinge beben lässt
und das All mit güldnem Blütenstaub durchtränkt.

278. Langsam wachse ich hinein in jenen Garten,
dessen Blüten mich umfächeln, wenn ich schlafe,
in dem huschende Gestalten mich betrachten,
und ich sinke, sinke federleicht,
höre helle Kinderstimmen tuscheln:
„Schläft er, oder hört und sieht er uns?"

279. Auch ich weiß, so wie Sokrates, von nichts,
und dass es schließlich nichts zu wissen gibt.
Doch scheint es schwerer zu verstehen, als man glaubt.
Wo nichts zu wissen ist, was gibt es zu verstehen?
Das Einfachste versteht der Mensch zuletzt.

280. Und ist der Traum auch noch so wahr,
erwache ich, zerrinnt er.
Ich wache auf und träume, ich sei wach.
Wo stehe, sitze, liege ich,
wenn dieser Traum zerrinnt?
Wenn alles Garn versponnen ist
und meine Spindel
keinen Flachs mehr spinnt?

281. Heute Nacht, da sprach mein Herz zu mir.
Meine Seele henkelte mich ein
führte mich ins Elternhaus zurück.
Alles freute sich, dass ich zurück war.
Der verirrte Sohn ist heimgekehrt.
War ich wirklich weg?
Ich kanns nicht glauben.

282. Wenn ich diese irreale Traumwelt sehe,
denke ich: Wer denkt sich die Gesetze?
Wer regelt die Gesetze meines Traums?
Wer sagt uns, welche Wandlung möglich ist
und welche nicht?
Wer kennt und hütet diese große Ordnung?
Wer.

283. Und wieder reißt ein Körper ein und bricht.
Ein kleines Duftgefäß aus Glas,
das wegen seines Duftes hoch gehandelt wurde.
Jetzt ist die süße Flüssigkeit verbraucht,
das tote Glas wird achtlos weggeworfen.

284. Heute Morgen lag mein Körper
wie ein welker Handschuh auf dem Bett.
Ich schlüpfte in den Handschuh,
zog ihn über meinen Fingern straff,
bis ich die letzte Fingerspitze klar bewegen konnte,
und stand auf.

285. Und ich falle durch den Blätterteig,
durch die vielen dünnen Schichten dessen,
was den Füßen eben noch
als Grund erschien,
als das Harte,
Unumstößliche,
auf dem sie ruhten,
sicher,
felsenfest.

286. Und ich sitze im Aquarium.
Schwimme durch die satte, goldne Luft.
Die Gesichter strahlen weihnachtlich.
Alle Augen blicken bis zum Grunde.
Und die Stimme,
die ich singe,
schmilzt im Wind.

287. Das Schwert, das über jedem von uns hängt,
schlug wieder zu und hieb
mit scharfem Schlag
den Panzer ab.
Wie locker fühlt sich jetzt
der weiche Leib,
den keine Eisenrüstung
mehr umgibt.

288. Meine Bilder trug ich an den Wiesenrand,
verbrannte sie.
Welche Klarheit, wenn Vergangenheit verlischt.
Wenn die Mühe vieler Jahre lodert.
Wenn der Stolz zermürbt
zum Himmel zieht.

289. Ich sehnte mich nach der Geburt zurück,
zurück zum hellblauen Kissen.
Nun atmet die Stille in mir,
ich bin wieder weiß, wie ich war.
Bin unbefleckt, unbetastet,
schaue, atme und
Bin.

290. Da stand ich jahrelang in dicker Borke,
und plötzlich platzt die Rinde von mir ab.
Nein, nicht die knorrig-breite Eiche bin ich mehr,
bin eine schlanke Birke, die sich windet.

291. In den Palast der Seher
werden die Blinden gerufen,
um sehen zu lernen.
Aber das Blindenheim
ist ihnen lieb geworden:
Wie können wir Wege tasten
in diesen weiten Gemächern?

292. Ich schritt durch die Halle der Stille,
die Felder der Schweigenden wogten.
Und meine Schritte,
draußen noch sacht und behutsam,
hallten wie Kanonenschüsse zum Appell.

293. Ich ließ den Sand durch meine Finger rinnen,
da lag nur noch ein Korn in meiner Hand.
Ich sah es an,
ganz aus der Nähe,
und sah die Welt
mit Himmel, Erde, Hölle.

294. Es stirbt der Pfau,
die Eule schaut
mit großen Augen
in den weißen Teich
und heult sich,
die sich eben noch gebläht,
sich selbst betrachtend
in die Eulenaugen.

295. Augenblicke, die mir blieben,
kann ich zählen.
Ab und zu keimt etwas Altes auf.
Nur der Augenblick des Augenblicks besteht.
Meistens stehe ich im Augenblick.

296. Und ich falle,
falle durch den Schacht,
falle, bis ich leicht und luftig schwebe,
ich erkenne fernes Land
und lande auf dem Weg
Kristall.

297. Auf dem Weg
hab ich Steine gesammelt,
kostbare Stücke.
Noch bevor ich nach Hause kam,
warf ich sie weg.
Zeig ich doch am liebsten
leere Hände.

298. Mir träumte,
jemand werde ärgerlich auf mich.
Er muss sich ändern,
dachte ich erbost:
Jetzt ärgert er sich schon
bei mir im Traum.

299. Es ist erschreckend:
Wenn ich träume, ich erwache,
dann glaube ich tatsächlich,
ich sei wach.
Genau das glaube ich
auch jetzt.

300. Mein Körper wurde wie ein Federbett gelockert.
Nadeln stachen durch ihn durch
und lüfteten
und lockerten
die Zellen.

301. Hier stehen ja die alten Bäume wieder.
Ist das der Garten,
wo man uns vertrieb?
Bist du es, Eva?
Ja, seit eh und je.

302. Ich habe mich beobachtet,
wie ich etwas tat,
von dem ich glaubte,
dass es niemand sähe.
Bin ich niemand?

303. In den hellen Milchmondnächten
trinke ich den weichen Mond,
trinke ihn am liebsten
völlig
leer.

304. Tiegel, Tiegel, Schmelzetiegel,
alles schmilzt wie Butter weg.
Meine Wörter rutschen über Glatteis.

305. Wo sind meine Rechenkästchen?
Alles wird vom Tisch gefegt.
Wo sortiere ich die Wörter ein?

306. Zerrüttet
falle ich
ins weiße
Nichts.
Ich wünsche,
singe, träume,
ich sei wach.

307. Meine Purzelbäume
habe ich geschlagen,
schaue mir
ins eigne
Angesicht.

308. Es ist
so einfach,
so einfach,
einfach
so.

309. Lehne mich
an M<small>ICH</small>
an.

310. Ich warf meinen Blick ins Dunkel,
das Dunkel
warf ihn zurück.

311. Stehen
unter den Menschen,
zwischen den Zeilen.
Stehen.
Stehen.
Stehen.

312. Stille

macht aufmerksam
auf sich,
auf dich,
auf mich.
Stille
macht wach.

313. Bin ich Alles

oder bin ich Nichts?
Oder bin ich beides?
Alles Nichts.

314. Die Poesie

spielt zwischen Feder,
Blatt und Tinte.
Das Wechselspiel der drei
ist Poesie.

315. Knisterndes Schweigen verjüngt.

Traumhaftes Heimweh
nach Mir,
Keimend
im göttlichen
Zwiegespräch.

316. Der Augenblick,
wo alles als geträumt erscheint,
und der,
wo alles wieder wirklich wird,
verbunden,
ist gekrönte Wunderwelt.

317. Und nickend grüßen mich
die Erzfiguren wieder,
die Riesen aus Kristall
im blauen Äther.
Sie weinen mir ins
lachend helle Auge.

318. Habe als Baum
in der Gegend gestanden
heute
zwischen den Bäumen
zwischen Vogelgezwitscher
zwischen Büschenduft
zwischen zwieliger
Frühlingsluft.

319. An einer Spindel spinnt sie,
der Faden dreht sich fein,
ein Garn aus Werg,
aus losem Werg gewickelt,
und doch ein Garn,
so fein kein Faden zieht.

320. Da steht die schweigende Marmorfrau,
da sitzt der versteinerte Prinz.
Die steinernen Blicke ruhen auf mir.
Ich klatsche,
und alles zerfällt.

321. Vereister Zweig
mit glitzerndem Harsch bedeckt
kaum merklich schwankend
zeigt sich dem innerem Blick
kristallisiert sich als Klang
und gefriert
für alle sichtbar
zum Gedicht.

322. Wenn ich das Licht des Himmels
auf die Erde schütte
und die Milch
durch meine Augen
in das Spiegelbild
des Erdentraumes fließt,
wird jeglicher Gedanke
zum Kristall.

323. Zu den elektrischen Sternen
fuhr ich auf Lichtstrahlen hin.
Und mein Schiff stand im Wind.
Aber die Schiffe der Toten
nahmen mich nicht wieder auf.
Zu lebendig war ich.
Bin auf den Sternen geblieben.

324. Wie hab ich das gemacht?
so frug ich früher.
Und als ich merkte,
dass nicht ich es tat:
Wie die Natur doch alles lenkt und leitet!
Wer aber wirkt im Mantel der Natur?
Wie hab ICH das gemacht, so frag ich heute.

325. Stille lebt in gelben Halmen,
borstig wogt das Heideried,
flach und friedlich, leise bebend,
atmet Erde, Laub und Luft.
Es ist Zeit zurückzukehren
in die menschgetriebne Welt,
aber nie geht mir verloren
dieses einfach Heide Sein.

326. Heute sang ich wieder der Nacht,
rief sie, mir zu erscheinen.
Lange ließ sie sich locken,
dann endlich kam sie,
wiegte mich in ihren Armen,
ließ ihre Mondmilch fließen
und gab mir aus ihrer Wundertüte
knusprig gebackene Träume.

327. An der Wurzel wurde ich gekitzelt
und das rote Erz zog durch den Stein.
Silberadern liefen durch die Felsen,
das Gewölbe saugte sich voll Gold.
Meinen Kopf zog sie ins Königshaus,
und sie wusste und ich wusste,
wer wir sind.

328. Mein Wünschen dreht sich ständig nach der Sonne
und nach dem Mond, und nach der Sternenwelt.
Und wenn ich will, dreht sich die Sonne auch nach mir.
Der Wunsch der Sonne ist mein eigener,
es ist EIN Wille, der uns wünschen lässt.

329. **Wenn mein Auge Licht ertastet**
und die Rose Blüte schlägt,
der Verstand im Meer versinkt
und die gelbe Kindheit weint,
strahle ich als weißes Blatt,
setze meine Wünschelwünsche,
spanne mir ein Denkgewölbe
und erknete eine Welt
aus meinem Teich.

330. **Da liege ich und atme ein und aus.**
Leise klingt ein neues Schöpfungslied.
Was ich singe, sehe ich vor Augen.
Die Gestalten, die ich singe, leben auf.
Bis ich sie wieder in mich münden lasse.
Dann schlafe ich und höre auf zu singen.

331. **Aus grauen Mauern ragen meine Beine,**
mein Auge hängt in jenen feinen Gärten,
die Wange schmiegt sich an die Sterne,
der Kopf verschmilzt im dunklen Firmament
und saugt die weiche Kraft in mich hinein,
die meinen Körper in die Höhe zieht.

332. Schlage ich den Pfauenfächer auf,
sind die tausend bunten Bilder wieder da,
die Momentaufnahmen meines Erdenseins,
die im Pfauenauge jeder Feder schillern.
Doch mein Daumen ruht am Griff
des Fächers: eine Drehung,
und die Szenen
klappen
zu.

333. Im dichten Walde stehe ich zwischen Fichten,
auf stillem Boden, den kein Mensch betritt.
Die Bäume singen, drehen ihre Zweige.
Mathematisch windet sich das Rund der Äste.
Mein Bewusstsein drechselt die Spiralen,
dient den Zweigen als Gesetz des Wachstums.

334. Wenn frischer Wind um meine Nase weht,
wenn sich die Blüten Blatt um Blatt entfalten,
wenn der Verstand versinkt und sich vergisst,
dann bin ich jung, ich strahle blütenweiß
und weiß den Wunsch und weiß Gesetz zu denken
und male meine Welt nach meinem Sinn.

335. Aus der Quelle sprudelt es,
kindlich weise, überraschend uralt,
unbändig brav, irrsinnig gewohnt,
im gurgelnden Übermut
alle Gesetzesbrüche befolgend,
deren wirbelnde Schaumperlen ich
mit dem Auge zu bannen suche,
forschend nach den Gesetzen
des ewig fließenden Wandels.

336. O du milde Gaumensüße,
die mir durch den Nacken tropft.
Welcher Nektar sammelt sich in mir?
Woher kommt die gelbe Butter,
die mir meine Kehle salbt,
dass die Stimme wie auf goldnen Rädern rollt
und die Zungenspitze Solotänze tanzt?
Woher kommt das flüssig goldne Wachs?

337. Wenn ich größer als das Größte werde,
wachsen alle Räume in mich ein.
Erde, Sonnen und die vielen Universen,
alles schwirrt und tanzt im Inneren.
Dort erfinde ich Figuren, die sich fragen:
Was ist Außenwelt?
Was ist außerhalb der Außenhülle?
Was sie damit meinen?
Außenwelt?

338. Mutter lehrt mich jetzt die Muttersprache.
Jede Nacht sitzt sie an meinem Bett,
singt mir neue Kinderlieder vor.
Und ich lausche ihr und lalle nach.
Mutter lehrt mich eine neue alte Sprache,
die noch keiner auf der Erde spricht.
Welche Sprache spricht die Weisheit der Natur?

339. „Meine Tagebücher
werden einen neuen Klang bekommen",
schrieb meine Mutter in ihr Tagebuch.
„Wie nennen wir den kleinen Kerl?
Am Wochenende wird er notgetauft.
Er ist zu klein.
Wer weiß, ob er es durchhält.
Und wie lange?"
Bis heute habe ich es durchgehalten.
Doch wie lange?

340. Da liegt ein Stein,
ein fester, großer Brocken.
Verdichtetes Bewusstsein, felsenhart.
Mein Auge fällt darauf,
mein Geist erinnert sich,
dass auch der Stein nur die Erstarrung
meines eigenen Bewusstseins ist.
Da löst das Starre sich.
Durch meinen Blick
zerstiebt der Stein
zu Staub.

341. Auf einer Wiese steht das schöne Kind
und weint. Der weiße Tau tropft aus den Augen.
Das blaue Kleid voll Blumen löst sich auf.
Sein Kleid wird Wiese, sein Gesicht wird Blüte.
Aus vielen weißen Margeriten
lacht das Gesicht mir tausendfach entgegen.
Die ganze Wiese ist das schöne Kind.

342. Steigt der König von der Kanzel nieder,
werden seine Glieder ihm zum Volk.
Sein Mund wird Lehrer, seine Ohren Schüler.
Seine Schultern werden Würdenträger.
Seine Hände Werker.
Seine Füße tragen ihm die Last.
Und der König löst den alten Mantel,
streift die Hüllen ab
und tritt ins Volk.

343. Berge wuchsen aus meiner Stirn,
und mit der Schere schnitt ich sie von mir ab.
Ein wildes Meer wuchs zwischen den Bergen und mir,
und mit der Schere schnitt ich es von mir ab.
Da war das Meer bevölkert mit schwimmenden Menschen
und Schiffen, und einer fragte den anderen,
wer es erschaffen hat.

344. Habe ich den Augenblick verloren,
finden ich den Gegenaugenblick.
Habe ich die Bäume weggepustet,
wachsen neue Wurzeln aus dem Himmel.
Zieh ich meine Haut verkehrt rum an,
stehe ich im Gegenkörper da.
Wenn ich träume, schöpfe ich, im Wachen träum ich.
Werde ich von einem anderen geträumt,
lebe ich im Geiste meines Schöpfers.

345. Das Auge des roten Zwerges,
den Blick des Waldzwerges bannen.
In tiefen Wäldern tritt sein Profil
in schwungvoller Schräge hervor.
Leicht verliebst du dich drein, der lange im Walde geht.
Und doch ist es nur das Auge
und der Nasenschwung dessen,
der Wolken und Wälder schuf
und sich im Waldraum barg seit Anbeginn aller Zeiten.

346. Einklang, dieser eine, reine Klang,
fügt sich zu Planentenharmonien.
Und die Bäume singen ihre Bässe,
und die Steine singen ihren Alt,
und die glitzernden Kristalle den Sopran.
Welche Stimme singe ich dazu?
Jeder stimmt mit seiner Stimme ein,
jeder klingt verschieden, doch verschmolzen.
Nichts darf fehlen, und nichts ist zuviel.

347. In der Höhle meiner Schöpfung lag ich,
und ich säte meine Wälder aus.
Wie der Boden sich nach Samen sehnte.
Jedes Körnchen keimte gleich zum Baum.
Und die Bäume wuchsen kreisend um mich her.

In den Wäldern meiner Schöpfung lag ich,
und ich wusste: Das ist meine Welt.
Jene Welt, in der ich Schöpfer bin.
Lange hat sie auf mich warten müssen.

348. Wie doch jeder seine eigene Welt erschafft.
Ein Beschmutzter denkt sich Düsteres und schimpft.
Ein Erhellter denkt sich Heiteres und freut sich.
Narren lachen über ihre eigenen Witze.
Und die Dunklen schieben alles auf die anderen,
und die Hellen loben nur sich selbst.
Wer hat recht? Der auf die anderen schimpft,
oder der das Selbst als Höchstes preist?

349. Wie Vergangenheit sich laufend wandelt.
In jedem Lebenslauf, je nach Bewerbung,
bin ich eine andere Biodaten-Summe.
Die Gegenwart ist jene Drehscheibe,
auf der meine Kompassnadel tanzt
und Richtung Zukunft meiner Wünsche weist.
Will ich nach Norden, liegt der Süden hinter mir,
will ich nach Osten, komme ich vom Westen.
Allein der Augenblick bestimmt die Richtung.

350. Wachstum ist das ständige Vertauschen
der Gedanken meiner Wirklichkeit.
Laufend stelle ich mich anders vor.
Früher dachte ich mich als ein Etwas,
das froh sein konnte,
wenn es die Meinung anderer begriff.
Heute denke ich mich als ein Etwas,
das fähig ist, die eigene Wertvorstellung
so genau und lebensnah zu schildern,
dass sie selbst für andere greifbar wird.
Auch wenn mein Weltbild Wirklichkeit für alle wird,
lebt es nur in unserer Vorstellung.

351. Ich erwachte auf der Schöpferinsel.
Tausend Schöpfer sah ich darauf schlafen.
Ihre Stirn erbebt von ihrer Schöpfung.
Jeder trägt in sich Naturgesetze,
die er seiner Schöpfung gibt.
Alle Wirklichkeit erschafft er dadurch,
dass er sie die Wesen denken lässt.
Was nicht ausgesprochen, nicht erkannt wird,
gibt es nicht, ist kein Naturgesetz.
Diese Insel, wo die Schöpfer ihre Welten träumen,
gibt es wirklich.
Ich habe sie soeben selbst erdacht.

352. **Wenn ich kleiner als das Kleinste bin,**
ist Materie mein Kerngehäuse.
Selbst das kleinste Teilchen ist für mich
ein breiter Kontrabass, in dem ich schwinge.
Und ich flitze durch die Kontrabässe dieser Welt
derart schnell, dass ich zur gleichen Zeit in allem bin,
ja sogar durch meinen Weltentanz die ganze Welt,
die Form abtastend, erst gestalte.
Würde ich mich nicht bewegen,
gäb es keine Form in dieser Welt.
Durch mein Zittern erst entsteht das All.

353. **Nun bin ich schon der Mittelpunkt der Welt**
und merke jetzt erst, dass ich nutzlos bin und eitel
und nichts, verglichen mit dem Stillesein.
Ein Tropfen zwar, ein Wurm, ein kleines Rad,
und dennoch sinnvoll im Gesamtgefüge.
Ein winzig Teil des Ganzen, und,
da vom Ganzen nicht getrennt, das Ganze selbst.
Ich bin das Winzigste und Würdigste zugleich.
Wen kümmert es?
Wen kümmert dieses Ich schon außer mir?
Nur ich bins, der sich fragt, wer ICH wohl sei.

354. **Welche Kraft hält mich zusammen,**
wenn die Schwerkraft mich verlässt?
Wo ist der Druck, der die Materie bündelt?
Alles fließt, und meine Liebe löst sich auf.
Meine Liebe zur Materie, die anzog.
Plötzlich stößt Materie sich ab.
Kann den Fuß nicht auf die Erde setzen.
Rutsche ab, so oft ich es versuche.
Geht nicht, kann die Erde nicht berühren.
Falle vorher um und gleite aus.
Die Antiwelt, in der ich lebe,
zieht mich stärker an als diese Erde.
Dort zieht Materie sich an, hier stößt sie ab.

355. **Wenn ich das Innere nach außen stülpe**
und sich das Äußere nach innen kehrt,
dann spüre ich den Kitzel zwischen mir.

Die Mitte meines Körpers ist der Punkt,
wo sich das Außen an das Innen hängt
und durch mich fließt,
um sprudelnde Fontänen auszuwerfen,
die sich nach außen kehren
und am höchsten Punkte wenden,
im Becken der Gedankenwellen sammeln,
vom Sog erfasst zurück in meine Mitte fließen
und wiederum als Strahl nach oben schießen.

An dieser Stelle, wo der Sog zum Strahl wird,
quirlt der Kitzel.

356. Wer sich selbst in allem wiederfindet
und den Spiegel aus sich selbst erzeugt,
wer erkennt, dass Dunkelheit nur Schein
und dass Helligkeit auch dunkel scheint,
wer die Quelle und die Mündung nicht mehr scheidet,
wer im Augenblick des Anfangs endet,
wer am Ende fühlt, wie er beginnt,
wer sich über jeden Kummer freut
und bei jedem Witz entsetzt erstarrt,
wer den Kehricht vor den Nachbartüren sammelt
und den Nachbarn neue Binsenbesen gibt,
und wer trauert, dass er immer wieder spricht ...
Wer?
Ja: der!

357. O Wind, der du so volle Augen hast,
wie bläst du meine Büsche übers Meer.
Wie leicht ich bin, wenn du den Körper
in die Lüfte wirfst und drischst und spreust.
Da wehen alle Körperteile weg,
und meine Hände sind im Baum,
mein Fuß im Himmel.
Da kommt die Kreidemühle,
malt mich klein zu feinem Goldstaub.
Der Wind bläst durch die Heide,
und weg bin ich.

Als goldner Staub im Wimpernlid der Sonne,
als Blütenstaub durch diesen Kosmos fallen,
und sich wie Liebeslocken um die Erde wölben,
welch ein Sein.

358. **Wenn sich mein Geist in die Materie vernarrt**
und meine Sinne mich nach außen drücken,
dann wird mein Körper wie ein Luftballon,
so prall gefüllt mit Energie, die sich befreien will,
dass meine Haut aus allen Nähten platzt.

Und schließe ich die gläsernen Pupillen,
dass mein Bewusstsein zu sich selber kehrt,
dann dehnt es sich weit über diesen Körper
und schmilzt zusammen mit dem Blütenstaub der Welt,
der über tausend Winde zu den Blüten weht,
der tausend Naben küsst
und sich in tausend Kelchen niedersetzt.

359. **Wenn ich selbst zum Feuer werde**
und mein Nabel Rüssel wird,
meine Brust zur Quelle aller Winde,
wenn mein Atemhauch sich selbst vergisst,
wenn das Feste sich wie Salz im Wasser löst,
wenn die aufgerollte Weltkulisse einrollt,
wenn der Schaum zerknistert und zerplatzt,
wenn das weiße Löschblatt alles tilgt,
wenn der Raum sich beugt, die Zeit sich neigt,
werde ich Regent, Regent der Welt,
Regent des Weltenpaares und der Herzenslichter,
Regent der Widersprüche und der Wiederfindung,
werde ich Regent, Regent der Welt.

360. Eben hatte ich etwas versteckt.
Jemand setzte sich auf meinen Platz und suchte es.
Schwenkte seine Arme aus, so weit er konnte,
weit nach links und rechts, doch fand es nicht.
Gab die Suche auf, verließ den Platz,
blickte sich noch einmal suchend um
und fand es auf dem Platz, auf dem er saß.

Ich hatte es nur unter mich gelegt.
Grobes Spielzeug schiebe ich nach außen.
Tand und Flitter brauche ich nur selten.
Schätze halte ich in meiner Nähe.
Und das Beste halte ich ganz nah bei mir,
um es leicht und häufig zu gebrauchen.

361. Ich trat ins Dunkel,
eine Hand berührte mich.
Ich wusste nicht: bedeutet das Gefahr,
Grauen, Ekel oder etwas anderes?

Ahnend fühlte ich mich vor und wusste,
dass ich selbst es war, der das entschied,
nach meinen eignen Ängsten oder Wünschen.

Aus der Hand wurde ein Arm, der mich umschlang,
ein glatter, geschmeidiger Körper gehörte dazu,
der sich wie eine Katze an mich schmiegte,
und darüber ein zartes, von knisterndem Haar
umrahmtes Gesicht mit weichen, aufgeworfenen,
mich berührenden Lippen.

Grauen und Ekel hatten keine Chance.

362. **Als ich als rote Glut im Meere schwelte,**
mich still am Grunde des Atlantiks kühlte,
da wusste ich noch nichts vom Erdenmensch.
Den Erdenmensch erfand ich erst am Ende,
als Kraut und Käfer, Vögel, was kreucht und fleucht,
und auch die glatten Fische,
die mir durch die blauen Haare fuhren,
längst Form und Leben angenommen hatten.

Ich bot ihm an, er möge mit mir kommen.
Er wollte nicht, blieb lieber auf der Erde.
Er hatte Angst vor stiller Meerestiefe,
vor meinem kühlen dunkelblauen Hauch.
Er wollte nicht in meine blauweißgelbe Glut.

363. **Denke ich an Nichts,**
so mach ich Nichts zum Gegenstand des Denkens,
zu einem Etwas, das von Nichts verschieden.
Dennoch höre ich nicht auf, an nichts zu denken.
Also denke ich schon Zweierlei:
an Nichts, den Gegenstand des Denkens, und an nichts.
Während ich das Zweierlei bemerke,
denke ich auch weiterhin an nichts.
Also denke ich bereits an Dreierlei:
an nichts, an Nichts und an das Zweierlei.
Diese Wechselwirkung setzt sich fort und fort,
solange ich nicht aufhöre, an nichts zu denken.
Denke ich an nichts, entsteht die Welt.

364. Hörst du auch das ferne Flötenspiel?

~ Ja, Panflöte, aus den Bergen von Kreta.

– Wie der Wind durch die Töne streift, sie her und wieder weg weht.

~ Da ist noch eine Windharfe dabei.

– Eine Windharfe?

~ Die wird vom Wind gespielt. Kein andrer zupft die Saiten.

– Und die Flöte klettert immer höher.

~ Hörst du? Die Töne werden immer leiser.

– Ja, der Meereswind wird lauter.

~ Es plätschert. Das sind Wellen. Ist der Wind vorbei?

– Ja. Lass dich fallen. Und ich halte dich.

~ Warst du der Hirte, der die Flöte blies?

– Wer denn sonst?

365. Stell dir vor, du ruhst in einem weißen
Wolkenmeer, da weht ein Lufthauch einen Schleier weg,
und in diesem Augenblick erkennst du ...

– Du wolltest mir doch noch verraten, meine Holde, wo
du herkommst.

~ So, hab ich das versprochen?

– Nicht ausdrücklich.

~ Sondern?

– Unausgesprochen schon.

~ Dann hab ich mein Versprechen schon gehalten.

– Wieso?

~ Ich habe dir doch alles schon verraten.

– Du mir? Wann denn?

~ Nicht ausdrücklich.

– Sondern?

~ Unausgesprochen schon.

– Das gilt nicht!

~ Sagst du so!

– Ich stopfe dir das Maul.

~ Womit denn?

... Hmmm ...

366. Bin ich wieder jung geworden?
Ach was war ich väterlich.
Dachte schon, ich wüsste alles auf der Welt.
Hatte Sehnen, Suchen, Fragen abgelegt.
Als ich jung war, wollt ich neue Form erobern.
Schwieg und starrte, staunte: eben nicht!
So wie das hier will ich nie im Leben werden!
Diese Welt ist starr, nichts Neues lebt,
alte Spinngewebe tischt man wieder auf!
Als ich alt war, hatte ich die Welt gefunden,
aalte mich in meiner Honigkuchenwürde.
Und nun bin ich weder alt noch jung noch ewig,
weder zeitgemäß noch zeitenlos,
lebe schlicht und einfach
ohne Zeit.

367. Ein Raubtier, dunkel und reif,
hat sie sich auf mich gestürzt,
eine Katze, lange verharrend, sich ihrer Beute gewiss,
hatte sie mich, still und versteckt,
stets zum Sprunge bereit, aufmerksam beäugt
und auf den Zeitpunkt gewartet, da ich,
saftig und nahe genug, nichtsahnend saß,
um nun, bevor ich mich wandte und anderer Beute ward,
den Lohn ihres Wartens zu packen,
nach endlos scheinender Pause
das Wartende und das Erwartete wieder zu einen,
in jenem Augenblick, da die Krone leuchtete
und sich das Auge beugte,
das Auge des Herrschers, der das Seine benennt.

368. Leer ist mein Kopf,
voll weißem Nebel bis zum Rand,
doch in dem Nebel klitzern helle Sterne,
ferne Sonnen sind es, Galaxien,
dennoch ist mein Kopf gedankenfrei,
denn wattestill und weich ist dieser Nebel,
der aus nichts besteht als weißem Licht,
sanftes Licht, das meinen Kopf erhellt
im Schalenrund des Schädels.
Doch ist der Schädel nicht der Weltenrand,
auch außerhalb ist Raum, frei von Nebel,
frei von Sternen, frei von Galaxien,
stiller als das Weiß im Inneren.
Diese tiefe Stille zieht mich an,
lässt mein Bewusstsein überquellen und
den Rand des Universums überschreiten.

369. Ich bin die Jugend der Zeit,
keiner kann mich erdrücken.
Während du einen erdrückst, sind zwanzig neue geboren.
Keiner kann mich verschüchtert in Frondienste spannen.
Warum hastest du so? Hast du vergessen,
dass es nur Spielregeln sind, die du dir selber gesetzt?
Ändere doch die Regeln, die dir als Zwänge erscheinen.
Schaffe dir Regeln nach Wunsch.
Möchtest du nicht beginnen, mit Flüssen,
Bergen und Bäumen wie mit Freunden zu sprechen,
statt sie mit Kot zu bewerfen?
Lass uns die Erde genießen als Heimstatt ältester Weisheit.
Ich bin die Jugend der Zeit, keiner kann mich erdrücken.

370. Der Duft von Deiner Rose strömt herüber.
Die strenge Knospe meines Herzens öffnet sich
und Deine Blütenblätter kühlen zart die meinen.

Ihr Wehen öffnet meine helle Mitte,
dein Stempel dringt in meinen Blütenkelch
und meine Staubgefäße küssen Deine Nabe.

Behutsam falten sich die Blütenblätter
von Dir und mir andächtig ineinander
und beten kaum behaucht ihr Liebeslied.

Dein Stempel öffnet meine Herzenskammer,
das warme Licht strahlt aus dem Kämmerlein,
mein gelber Nektar fließt in Deine Nabe,

mischt sich im Kelch mit Deinem kühlen Tau,
der gelbe Saft quillt auf im blauen See
und golden tropfen meine Tränen Dir ins Haar.

371. Es ist der Glaube derer, die mich hören,
der steuert, welche Wahrheit ich verkünde. Für mich ist
Wahrheit Alles oder Nichts. Doch nur der winzig klei-
ne Bergeskamm, die schmale Grenze, die dem Hörer neu
und doch vertraut, die er kaum glauben will und dennoch
glaubt, die sein altes Bild bestätigt, doch zerbricht, zwar
festigt, doch erschüttert und verändert, die schmale Wis-
sensgrenze ist der Satz, den ich erkläre. Solange spreche
ich denselben Satz, und ständig drückt er etwas Neues
aus, bis auch dem Hörer Alles oder Nichts als wahr er-
scheint. Von hier betrachtet, ist die Schöpfung alles, von
hier betrachtet, nur ein Trugbild, Nichts.

372. Je stärker ich mit meinen Armen diese Welt umfasse,
je enger drücke ich den Augenblick zusammen,
und wenn ich glücklich bin, gelingt es mir,
die Ziehharmonika der Zeitgeschichte flach zu drücken
zu einer Klinge, die zwischen meinen Fingern schmilzt
und – kling – als leiser Tropfen in mir selbst verhallt.
Die Welt zerschellt, ist längst zerschollen,
und was Gesetz war, das wird neu erdacht.
Ich breite meine Hände wieder aus,
und eine neue Ziehharmonika entsteht,
wird aufgefächert mit Naturgesetzen,
Göttern und Gardinen,
bis ich auch diesen Augenblick zerdrücke.
So spiele ich die Ziehharmonika.
Gesetz entsteht von Augenblick zu Augenblick.

373. Hör ma, Daphne!

~ Ja, was gibts?

– Wie kommt es, dass wir uns so gut verstehen?

~ Weil wir verschmolzen sind zu einem Körper.

– Wie meinst du das?

~ Du hast bisher gedacht, du müsstest einen zweiten Körper suchen.

– Zweiten Körper, ich, wieso?

~ Hast du nicht ausgeschaut nach engen Röcken über schönen Waden?

– Nach einem Menschen meinst du, einer Partnerin.

~ Lebte diese Partnerin etwa in dir?

– Quatsch, natürlich nicht.

~ In einem anderen Körper also?

– Selbstverständlich!

~ Also suchtest du nach einem zweiten Körper.

– Ich versteh dich nicht.

~ Verstehe.

– Du, wieso?

~ Ich weiß, dass du mich niemals ganz verstehen wirst.

– Wieso nicht?

~ Weil ich ein Rätsel, ein Geheimnis bin.

– Das glaub ich auch.

374. **Feuer, durchströmst du mich wieder,**
frisst meine Asche? Schlinge die
Kohle des Körpers, lass mich erglühen
wie der Kienspan im Meer. Zehre die
Schlacke, lass mich nach Würzstauden
duften, die in der Sonne versengen.
Lass mich als Fackel des Himmels durch
Ödland wandern. Lass mich Oasen pflanzen,
Kamele und Schafe tränken. Lass mich den
Eseln ihre Last vom Rücken schnallen.
Sonne des Sehens, stecke den Himmel an,
dass das Erdenfeuer zum fernsten Planeten scheint.
Feuer der Stirne, lass die Erblindeten
wieder den Himmel sehen, der sich in
ihren Gewölben hinter den Wolken zeigt.
Wölbe den Schädel wieder zum Sternenzelt.
Zeige dem Menschen sein hellblaues Firmament.
Augenlicht, Feuer des Himmels, friss meine Asche.

375. Könnten Sie mir helfen, starker Mann?

Bei mir im Keller ist ein Schwelbrand ausgebrochen.

– Ist ein Feuerlöscher in der Nähe?

~ Im Flur hängt einer, aber ich weiß nicht, wie man ihn bedient.

– Das deichseln wir, wo schwelt es denn?

~ Hier, wo der Rauch raus kommt.

– Bleiben Sie solange draußen, jetzt wird's brenzlig.

~ Passen Sie auf, dass Ihnen nichts passiert!

– Keine Bange, ich weiß schon, wo es glüht.

~ Herrgott, was machen Sie?

– Jetzt werden Sie nicht schwach, es zischt und dampft natürlich, wenn ich lösche.

~ Vorsicht, Sie können sich verbrennen!

– Ich doch nicht.

~ Himmel, Ihre Kleider fangen Feuer!

– Oh, ich kam zu nahe an die Glut.

~ Was machen wir denn jetzt?

– Am besten löschen wir gemeinsam. Kommen Sie!

376. Hallo, Daphne!

~ Ja, was gibt's?

– Winke-winke!

~ Bist du ausgerastet oder was?

– Darf ich nicht machen, was ich will?

~ Dürfen schon, dann mach ich's aber auch.

– Mach doch ruhig.

~ Ob das so ruhig ist, weiß ich nicht.

– Was würdest du denn gerne machen, Daphne?

~ Das Weltall in die Ursuppe einweichen.

– Da brauchst du aber einen großen Kübel.

~ Hab ich doch.

– Du hast einen Kübel, wo denn?

~ Hier, meinst du, dass das Weltall da nicht reinpasst?

– Fragt sich nur, wie groß das Weltall ist.

~ Auf jeden Fall ein bisschen kleiner als der Kübel.

– Und der Kübel, ist der nicht ein Teil der Welt?

~ Was? Mein Kübel soll zum Weltall zählen? Bei dir piept's wohl!

– Wozu zählt er dann?

~ Berufsgeheimnis.

– Na, die Antwort kenn ich! Gute Nacht!

377. Hast du schon Reiten gelernt?

Da geht es – hopp! – in die Höhe.
Zwei Hufe klappern noch am Boden,
und der Rest ist Wolke.
Dein Pferdchen schlägt die Hufe in die Luft.
In eine weiche, daunenweiche Masse.
Da hallt kein Eisen, klappert kein Geschirr.
Du sitzt im Sattel wie im Schaukelboot und schaust hinab.
Der Wiesensaum verschwindet.
Die Büsche werden bald zu grünen Bommeln
im bunt karierten Hemd des Harlekins.
Dein Pferdchen legt sich in die Wattefelder.
Die Watte flieht, schon krümmt sich unter dir
das Faltentuch, der landgetupfte Wasserball
bleibt wie ein liebgewordenes Ferienheim zurück,
du winkst noch einmal voll Erinnerung,
richtest den Blick nach vorn ins All,
auf die Strecke, die noch vor dir liegt,
und fragst dein Pferdchen: „Wohin reiten wir?"

378. Das weiße Feld bin ich,
das steht und schwirrt.
Ich dehne mich und ziehe mich zusammen.
Ich atme, und das weiße Feld erbebt.
Nun kommt die Schwelle, kommt der Augenblick,
wo sich das Auge in sich selber sieht,
wo meine Sicht zerbricht und Purzelbäume schlägt.
An dieser Schwelle breche ich entzwei.
Ich spüre, wie ein Etwas etwas sieht.
Da gibt es zweierlei, das kitzelt mich.
Und ehe ich den Kitzel überwinde,
beginnt das Augenblinkern, Wimpernschlagen,
das Eine sieht das Andere, betrachtet sich,
beäugt, bezaubert und bewundert sich,
und lange dauerts, bis es wieder merkt:
Ich bin das Feld.
Dann ist die Kitzelstelle ausgelöscht, steht still.
Doch tausend neue Punkte brechen auf,
im Wimpernschlagen schwirrt das ganze Feld.
Ich bin das Feld, das ewig steht und schwirrt.

379. Hallo, schöne Maid!

Haben wir uns nicht schon mal gesehen?

~ Nicht, dass ich wüsste, fremder Mann.

– Oh, dann hab ich mich getäuscht, auf Wiedersehen.

~ Halt, bleiben Sie!

– Aber Sie sagen doch, wir hätten uns noch nie gesehen.

~ Ich bin mir nicht mehr sicher, vielleicht hab ich mich getäuscht.

– Im Ernst?

~ Ja, Sie kommen mir bekannt vor.

– Aber woher, das ist die große Frage?

~ Wo waren Sie denn alles schon?

– Das nenn ich eine Frage, junge Frau. Wie viele Jahrmillionen geben Sie mir, damit ich Ihnen das beantworte?

~ Zwölf Sekunden.

– Dann stellen Sie die Frage anders rum!

~ Wo waren Sie noch nie?

– In diesem Augenblick.

~ Das wissen Sie genau?

– Natürlich, meine Holde! An den Augenblick, in dem wir uns zum erstenmal begegnet sind, werd ich mich mein Leben lang erinnern.

380. Fräulein!

~ Sie wünschen?

– Einmal Bratäpfel mit Sahne, bitte.

~ So? Darf ich Ihnen etwas Honig um den Bart schmieren?

– Jederzeit, aber das wird Ihnen schwerfallen.

~ Wieso?

– Sie sehen doch, ich habe keinen Bart.

~ Dann schmiere ich ihn um den Bart Ihrer Bestellung.

– Die hat auch keinen.

~ Da täuschen Sie sich aber, werter Herr.

– Ich täusche mich nie, ich möchte Bratäpfel mit Sahne, aber ohne Bart.

~ Kann ich Ihnen leider nicht servieren.

– Wieso denn nicht, das hatte ich doch letzten Sonntag auch?

~ Eben, und seither wurde die Bestellung nicht frisiert, also hat sie einen Bart.

– Jetzt werden Sie nicht albern, Fräulein, Sie kennen doch das Motto: der Kunde ist König.

~ Sie wollen König sein? Ein schöner König!

– Wieso?

~ Ein König sagt zu mir nicht Fräulein.

– Sondern?

~ Königin.

381. Wo warst du eben?
– Ich hab irgendwo gelegen.
~ Wo denn?
– Ich glaub, als Sandberg in der Wüste.
~ Welch ein Zufall. Dann kennen wir uns ja.
– Wieso?
~ Ich bin die wüste Sahara.
– Dass du wüst bist, hab ich schon gemerkt. Aber wart
nur, wenn die große Dürre kommt.
~ Hier gibt's nur kleine Dicke. Und magere Kühe gibt's
hier auch nicht.
– Möchte wissen, was die sieben fetten Kühe für Augen
machen, wenn der weiße Büffel kommt?
~ Meinst du Wartankanka, den Manitu der Indianer?
– Genau.
~ Die Kühe werden ihn mit großen, braunen Augen
anglotzen und fragen: Warum schnaubt der so? Warum
wetzt er seine Hörner?
– Vielleicht ist er wild. Siehst du nicht: sein Brustkorb
glänzt und zittert!
~ Worauf soll er wild sein?
– Auf die Milch der fetten Kühe.
~ Will er vielleicht einen Milkshake?
– Gute Idee!

382. Die Stimme meiner Seele singt,
mein Eheweib ist still und schwimmt in mir.
Die Stimme meiner Wiesen
ruft mich wieder in die helle Heimat.
Die Stimme meines Volkes schlüpft mir aus dem Mund,
windet sich durch meine Lippen in die Bäume
und spaltet Apfelkerne auf dem Feld.
Die Stimme meiner Erde schwelt in mir
und dröhnt aus ihrer dunklen, alten Glut.
Die Stimme meiner Himmelskuppel
wächst aus meinen Ohren und greift sich
Sterne wie zwei Kirschen für mein Ohr.
Die Stimme aller Bienen summt in mir.
Die Stimme aller Bäume weidet sich
und meine Stirn erblickt ein neues Auge.
Die blaue Sonne in der Mitte,
die Sonne wird ein neuer Weltenkern.
Ich werfe Monde, helle Bälle aus,
die sich wie Kinder um die neue Mutter drehen.
Die neue Weltenstimme hüpft und knickst,
und endlich lass ich meine Stimme wieder ruhen.

383. Siehe, das Volk wird lebendig,
mausert sich, spürt seine Herkunft.
Der gebrochene Königssohn diente als Schweinehirt.
Nach vierzig Jahren Verbannung
kehrt er zum Hofe zurück.
Und die Wesire weichen.
Brauchen sie doch seine Kraft.
Das gespaltene Erdreich möchte gekittet sein.
Und der Poet der Mitte legt die Verzauberung ab.
Wieder erstehen Propheten mit klarer, würdiger Stimme.
Neue Bücher erstehen, neue Sprache erklingt,
neue Bauten wachsen mit großen Kuppeln
und begraben die grauen Kerker vergangener Kriege.
Würde wird wieder empfunden,
Weisheit wird wieder modern,
ewige Werte steigen im Handelswert.
Werbung wirbt wieder für Liebe, statt durch
gewolltes Verstellen für Tand und Glitter zu werben.
Und eine Jugend ersteht, Wimpel steigen nach oben,
ja, eine Jugend, die ihre wachen Wünsche
unerschrocken verwirklicht.

384. Eins versteh ich nicht.

~ Und zwar?

– Warum wir zwei so zwanglos plaudern können, während tagsüber die Welt so ernst ist.

~ Das ist doch klar: Am Tag ist sie alltäglich.

 – Und nachts?

~ Allnächtlich, wie du siehst.

– Das ist bloß Wortgeplänkel. Meinst du, so was nähme ich am Tage ernst?

~ Ob du am Tage Spaß hast oder Ernst, liegt ganz bei dir.

– Du meinst, man soll nur ernst nehmen, was Spaß bringt?

~ Lebensfreude ist der Sinn des Lebens.

– Warum können wir dann nicht den ganzen Tag so herrlich plaudern?

~ Weil die meisten Menschen sich als Ameise in einer großen, fremden Welt verlieren, mit tausend Freunden, Feinden und Kollegen.

– Wieso verlieren? So ist nun mal die Welt!

~ Bist du sicher?

– Wie denn sonst?

~ Wie jetzt, allnächtlich.

– Und das heißt?

~ Es gibt nur dich und mich.

– Verkehrt! Es gibt noch zwei: im Spiegel hier.

385. Woran denkst du?

~ An nichts, und du?

– Auch an nichts.

~ Siehst du, wir denken dasselbe.

– Das ist noch nicht erwiesen, was machst du, wenn du an nichts denkst?

~ Ich liege in einer weißen, schwebenden Wolke, um mich herum weißer Nebel, ich sehe weiße Wand zu allen Seiten.

– Und dann?

~ Dann höre ich die Frage: Woran denkst du?

– Und dann?

~ Dann denke ich: Die Stimme kenn ich doch!

– Und dann?

~ Dann denke ich an dich?

– Und dann?

~ Dann spür ich dich.

– Und dann?

~ Dann denk ich wieder nichts.

– Und dann?

~ Nur weiße Wolke.

– Ist das schön?

~ Entspannend.

– Und hast du irgendwelche Wünsche?

~ Nöö.

– Bestimmt nicht?

~ Kann ich nicht behaupten.

– Was kannst du nicht behaupten?

~ Dass ich keine habe.

– Also hast du welche?

~ Kann ich nicht behaupten.

– Was?

~ Dass ich welche habe.

– Was kannst du dann behaupten?

~ Gar nichts, weder noch.

– Du denkst zu viel!

386. **Ich lag im flüssigen Gold,**
schwimmend im brodelnden Meer.
Um mich rankte mein Haar,
zerfließend bis zu den Ecken der Welt.
Verwoben war ich im Netz meiner Fäden,
die diese Schöpfung durchzogen.
Alles mündete in mir.
Ich ruhte in mir, im brodelnden, flüssigen Gold.
Hätte ich je daran denken können, diese Welt zu verlassen?
Nicht in der Mitte zu ruhen? Es schien mir undenkbar.
Doch ein Zahnrad tickte in mir. Tickte unhörbar zart.
Tickte lauter. Tickte unüberhörbar.
Die Unruhe ward in mir wach.
Wenn der Mittelpunkt wabert, beben die Netzfäden mit.
Eine Tagesreise nur, dachte ich, und abends wieder zurück.
Ich sah den anbrechenden Morgen,
die sengende Mittagshitze, das Gelage,
das Feuer des Mahls.
Die nachmittägliche Sonne über grüngoldener Wiese.
Der Abend kühl und erfrischend.
Und die beschauliche Nacht ...
Es war nur ein feiner Impuls, der mich aus der Stille riss.

387. Die Kreise, die durch meinen Körper schwingen
und das Bündel meiner Körperform bewegen, drehen sich.
Ich schwinge in den weiten Bahnen mit,
da lösen sich die Körperteile auf.
Ein Teil von mir dreht sich im blauen Kreis
und purzelt nun von einem Kreis zum anderen.
Die Räder ticken, Zahn um Zahn dreht sich die Zeit,
und Lücke hinter Lücke kreist der Raum.
Von kleinen Kreisen schwinge ich auf große,
und Achterbahnen tragen mich durchs Feld.
Da trifft ein Teil von mir an einem neuen Ort
mit einem zweiten Teil von mir zusammen.
Ein drittes, viertes, fünftes kommt hinzu,
und wie die Teile meines Ichs sich wieder bündeln,
steht die Erscheinung meines Körpers
im Kontinent der Antipoden auf.
Ich gehe zwei, drei Schritte auf der Erde
und schwinge mich erneut in meine Kreise,
um auf den wohlvertrauten Schwingen
in einer neuen Schöpfung aufzustehen.
So schaue ich in viele Universen
und purzele nach Wahl durch Raum und Zeit.

388. Hallo, Fräulein!

~ Bitte schön, Sie wünschen?

– Was können Sie mir heute denn empfehlen?

~ Worauf haben Sie denn Appetit?

– Was Leichtes, knusprig Leckeres, wenn's geht.

~ Da hätten wir zum Beispiel zarten Lendenbraten, oder Rehrücken mit Preiselbeeren.

– Dürfte ich den Rehrücken mal sehen?

~ Sehr wohl, der Herr.

– Aber Fräulein, warum kehren Sie mir denn den Rücken zu?

~ Wollten Sie den Rehrücken nicht sehen?

– Ach so, dann nehm ich lieber Lendenbraten.

~ Sagt Ihnen denn der Rehrücken nicht zu?

– Doch, Fräulein, sehr sogar, aber ich sehe keine Preiselbeeren.

~ Das lässt sich ändern.

– Nein, Fräulein, lassen Sie, servieren Sie die Preiselbeeren zu den Lenden.

~ Wie Sie wünschen, und was trinken Sie?

– Am besten was Erfrischendes. Ich habe eine lange Reise hinter mir.

~ Wie wäre es mit einem Eimer kalten Wassers?

– Also hören Sie! So was bietet man doch keinem Gast ...

~ Man nicht, frau schon.

– Ich wasch dir gleich den Kopf!

389. Komm ins Milchmeer,
leg dich auf den Bauch!
– Au ja, massierst du mich?
~ Wo steht der Met?
– Am Bett.
~ Probier mal, hier!
– Du machst ja Sahne dran, bist du verrückt?
~ Trink erst, bevor du urteilst.
– Ui, das geht ja runter wie ...
~ Uraltes Rezept: mit Milch gemischter Met. Am besten
schmeckt der marmorierte.
– Marmoriert?
~ Goldgelber Met vermischt mit rotem und grünem.
– Und das törnt an?
~ Verrührt mit Milch und Sahne.
– Schmeckt nach mehr.
~ Jetzt bitte umdrehen, auf den Rücken.
– Wo hast du das gelernt, als Krankenschwester?
~ Berufsgeheimnis.
– Wenn deine Haarspitzen über die Haut streichen, das
prickelt, als bade ich in Sekt.
~ Koste mal, was ich hier habe.
– Hm, Weintraube, dachte, Olive.
~ Überlass das Denken lieber den Flügelpferden.
– Hast du noch ne Traube?
~ Mund auf, Augen zu!
– Schmeckt wie frische Feige, wachsen die hier?
~ Hier wächst alles, was du wünschst.
– Wie ist das möglich?
~ Du liegst in einer himmlischen Oase.

390. Bist du noch da, mein Lieber?

– War ich weg?

~ Ich wollte ja nur wissen, ob du da bist.

– Klar. Wenn es kribbelt, bin ich immer da.

~ O ja: Ich wüsste, was wir spielen könnten.

– Was denn?

~ Sprechende Körperteile.

– Wie geht das?

~ Such dir mal ne Stelle an mir aus.

– Hab ich.

~ Und berühre sie.

– So? Oder so?

~ Uh, ich bin die linke Kniekehle von Daphne. Ich bin ziemlich kitzelig. Am meisten fahr ich darauf ab, wenn mich Fingernägel ganz behutsam kratzen.

– So?

~ Uh, genau. Und ich bin Daphnes linke Wade. Ach, wie lange ist es her, dass mich ein Prinz mit weichem Mund geküsst hat.

– So?

~ Genau! Und ich bin Daphnes Knöchel, ich bin sehr musikalisch. Ich hätte gerne eine kräftige Massage mit den Fingerkuppen. Ih! Hör auf, du Seppel! Sonst mach ich das mit deinen Fußsohlen genauso.

– Probier's doch, wenn du kannst!

~ Was war denn das? Bist du verrückt?

– I wo. Ich habe nur dazugelernt. Von den Chinesen.

~ Wenn du nicht aufhörst, fress ich dich mit Haut und Haar.

– Versuchs!

391. Ich nehme meine braungescheckte Feder
und tauche sie ins dunkelblaue Fass. Dann ziehe ich
sie vorsichtig heraus, damit der Schaft die Tinte
nicht verkleckst. Behutsam balanciere ich
die volle Federspitze über das Papier.
Wenn ich die Feder senkrecht stelle,
bildet sich sogleich ein dicker Tropfen,
der auf das weiße Blatt zu klecksen droht.
Das will ich nicht.
Ich möchte wohlgezierte Worte schreiben.
So neige ich das Rohr zurück und warte.
Und überlege, wie es möglich ist, zu schreiben,
aus vollem Rohr, und dennoch ohne Klecks.
Nun führe ich die Feder im flachen Winkel
immer näher an das Blatt heran.
Fast kann die Spitze das Papier berühren.
Ich warte, bis die Tinte fester wird,
und träume schon, wovon ich schreiben will:
von meiner Eulenfeder und vom vollen Fass,
von blauer Tunke und vom durstig weißen Blatt ...
Ich sehe auf das Blatt, das wartende,
um meine Feder endlich anzusetzen.
Da hat das Blatt die Tinte schon geschluckt.
Die Federspitze aber pfeift ein Lied
und schaut mich voller Unschuldsaugen an.

392. Auf der Rolltreppe im Kaufhaus rollt sie auf dich zu, und du weißt, dir bleiben höchstens zwölf Sekunden, bis deine Welt die nächste Treppe runterrollt.

– Hallo, Fräulein, hätten Sie mal zwölf Sekunden Zeit?

~ Wofür denn?

– Ich suche eine Dame, die mich auf meiner Reise um die Welt begleitet.

~ Und das wollen Sie in zwölf Sekunden schaffen?

– Wetten, dass?

~ Gut, die zwölf Sekunden laufen!

– Dann bleiben Sie mal stehen, sehen Sie, gleich bin ich einmal um den heißen Brei herum.

~ Sie umkreisen mich? Heißt das, Sie machen mir den Hof?

– Und ich schaffe es in zwölf Sekunden, wie gewettet.

~ Moment, die Wette hieß: in zwölf Sekunden um die Welt!

– Und wenn ich Sie als meine Welt betrachte?

~ Wieso ich?

– Weil Ihre Augen mich auf meiner Reise um die Welt begleitet haben.

~ Dann sind wir also quitt, auf Wiedersehen.

– Nicht ganz, Sie schulden mir noch einen Augenblick.

~ Wieso?

– Als ich hinter Ihrem Rücken war, hat Ihr Blick mich einen Augenblick verlassen.

~ Aber im Geiste hab ich Sie die ganze Zeit begleitet.

– Das wollte ich nur wissen, meine Holde. Also dann …

~ Halt, Augenblick!

393. Wo hast du diese Leckereien her?

~ Aus dem Kochbuch. Schau mal hier, von Chang.

– Kommt mir Chinesisch vor. Kannst du das lesen?

~ Echte Holzdrucke. Vom gelben Kaiser und vom dunklen Mädchen.

– Sieht heiß aus, wie geht das Rezept?

~ Also, wenn du kurz davor bist, einfach ausatmen und nicht bewegen. Stell dir vor, du wärst ein Schwamm, der den frisch gepressten Met in jede Körperzelle saugt. Schlürfe den Met wie durch einen Strohhalm in den Kopf, und wenn dein Kopf zu einer großen, weißen Wolke wird, die dich nach oben trägt, dann weißt du, dass du Geist und Körper gut durchtränkt hast.

– Woher kennst du die Gefühle eines Mannes?

~ Das sind die Gefühle einer Frau. Es wogt und bebt, es ebbt und flutet auf und ab, und das Meeresrauschen lässt dich alles ringsumher vergessen. Du schwimmst auf einem weiten Meer, und dieses Meer rauscht seit Jahrtausenden, sein Jahrmillionen, immer auf und ab, und über dir ist nur der Himmel.

– Das bin ich.

~ So siehst du aus!

– Und du die Erde.

~ Ja, die Erde. Und der Wind streift durch die Wälder.

– Durch die Schonung oder durch die Lichtung?

~ Durch den Urwald.

394. Schau mal da im Spiegel: Das sind wir.

– Wir sind das? Die auf der Wolke schweben?

~ Ja, wir beide, du und ich, wer sonst?

– Mensch, dass wir das sind! Zu zweit auf einer Wolke, und sonst niemand! Früher dacht ich immer, es gäbe tausend Leute auf der Welt.

~ Illusion, mein Lieber. Nur uns beide.

– Ja, das merk ich jetzt. Aber vorhin war mir noch, als wären wir auf Erden, in diesem Ameisengewimmel, der sogenannten Weltbevölkerung.

~ Verrückter Typ! Was du dir alles denkst.

– Auf Wolken schweben wollte ich schon immer. Aber nie hat es geklappt. Immer kam etwas dazwischen, tausend Kleinigkeiten.

~ Du hattest eben nie die Richtige.

– Jetzt hab ich sie.

~ Du hast sie nicht, du bist sie.

– Wie meinst du das?

~ Wir sind ein Herz und eine Seele. Ich bin in dir, du bist in mir, wir zwei sind eins.

– Ach ist das schön. Das Alte. Das Uralte. Sind wir eine Kugel oder ein Ei?

~ Wir sind ein Ei. Aber es kitzelt noch.

– Was ist das, was da kitzelt?

~ Unsere Naht.

– Die Naht?

~ Der Zwischenraum von dir zu mir, von mir zu dir.

– Gibts sowas überhaupt?

~ Frag mich nicht. Frag dich selber.

– Typisch Frau!

395. Wo endet heute meine Körpergrenze?

Am Scheitel, an der Sohle, an der Haut?
Ist die Tapete meines Zimmers meine Haut?
Wenn an der Wand gekratzt wird, kitzelt es.
Ist die Fassade unsres Hauses meine Haut?
Wenn Wind die Ziegel auf dem Dach zerzaust,
will ich mich kämmen.
Gestern sprach ich in der Nachbarschaft,
war das Sprachrohr des gesamten Dorfes.
Als ich unsre Hymne dichtete,
war ich der blaue Spiegel unterm Land.
Bin ich die Seele meines Volkes?
Europa schmilzt. Die Jungfrau räkelt sich.
Sie streift die Krusten ab und singt mit junger Stimme.
Die Kontinente, einst im Meer verstreut,
bewegen sich und fügen sich zusammen.
Ein Festland bin ich, kühl umspült vom Meer.
Ich bin der sanfte Ton der Mutter Erde.
Nun werd ich wirr. Dreht sich die Erde nicht um mich?
Ich bin die Sonne, bin der breite warme Ball,
der sich im Himmelbette wälzt und wälzt.
Jetzt endlich drehe ich mich um und wache auf.
Ich strecke mich.
Die Sterne schwirren noch um meine Stirn.
Die Erde ist der gelbe Leberfleck, der leise sticht.
Und langsam dämmert mir: Die Welt war Traum.
Wie war er gleich, der Traum?
Ich habs vergessen.

396. Ich hab da noch ne Frage.

~ Nur zu.

– Aber diesmal musst du ehrlich sein.

~ Was heißt hier diesmal? Habe ich dich je belogen?

– Tu nicht so unschuldig, du!

~ Gut, ich sag nichts mehr.

– Warum?

~ Weil du denkst, ich könnte dich belügen.

– Denk ich ja gar nicht.

~ Hast du doch eben gesagt.

– Ich habe nur gesagt: Tu nicht so unschuldig, du!

~ Eben. Also denkst du, dass ich lüge.

– Tut mir leid, das denk ich nicht, das weiß ich.

~ Also jetzt ist Schluss, verschwinde hier!

– Mich kriegst du hier nicht weg.

~ Warum nicht?

– Weil wir unzertrennlich sind.

~ Na gut, dann frag.

– Gibst du mir noch'n Shake?

~ Blöde Frage, gib den Becher her.

– Erdbeermilch mit Sahne, bitte.

~ Hier, Ihr Shake mit Blume.

– Danke, Fräulein, kann ich gleich bezahlen?

~ Aber nur in Landeswährung.

– O je, das bringt mich in Verlegenheit.

~ Gut, dann nehm ich auch ein Fässchen Met in Zahlung.

– Was? Ein ganzes Fass, für einen Milkshake?

~ Schmeckt Ihnen denn mein Milkshake nicht?

– Na gut, ich bin in Geberlaune, wo soll ich denn das volle Fass hinstellen?

~ Hier, in die Kellernische, bitte.

– Ob das in die Nische passt?

~ Probieren Sie's!

397. Jemand brachte mir den Stab, den Hut, den Beutel.
Jetzt erst trage ich die alten Zeichen wieder,
stehe wie in alten Zeiten da,
lasse meine Stimme neu erklingen,
nicht nur würdig, darf auch kindisch sein.
Dem alten Spitzhut zeiht man so was gern.
Wenn ich rufe, wo die anderen seien, taubes Echo.
Der Ruf prallt an den Häuserecken ab.
Ich rufe nach dem Beutelheimer,
da geht in weiter Ferne eine Tür.
Der lang versteckte Freund zieht den verstaubten Zau-
berhut hervor und klopft ihn ab.
Seine Miene übt das alte Lächeln.
Linkisch erst, setzt er den Hut zurecht,
stößt seinen Stab wie früher auf dem Boden auf und
sagt:„Do sama weda.“
Aus dem Beutel holt er Glitzersteine,
und gemeinsam rufen wir die anderen.
Jetzt stehen auch der Braune und der Graue auf,
eilen der Weiße und der Silberne herbei.
Wir sind schon sechs, fehlt nur noch einer.
Vielleicht hat ihn der Aufruf schon erreicht.
Vielleicht liest er gerade jetzt, in diesem Augenblick,
die Zeilen, die wir eigens für ihn schrieben:
Lies diese Zeilen und ergreife deine alte Pflicht,
hol deine Zeichen aus dem Schrank
und komm als Siebter, der noch fehlt,
in unsren Kreis.

398. Hörst du das auch?
~ Ja.
– Weißt du, was das ist?
~ Das Meer.

– Sag bloß!

~ Es bebt.

– Sag bloß!

~ Jetzt kommen Wellen angerollt, jetzt bricht sich die Gischt, die Brecher zerstieben am Strand. Jetzt rollt es leise zurück, die Kieselsteine klickern.

– Und jetzt?

~ Auf hoher See. Unser Boot gleitet ins Wellental. Das grüne Gegurgel schluckt uns in die Tiefe. Unsere Nussschale schwimmt auf dem Tiefpunkt. Da: ein riesiger Brecher. Gleich stürzt er sich über uns, zerschmettert das Boot zu Treibholz. Nein, doch nicht. Unsre Nussschale hebt sich, wird auf den Brecher geschoben, wir halten beide die Luft an.

– Au ja, halt mal an … Hast du's gehört?

~ Ja.

– Weißt du, was das war?

~ Völlige Windstille.

– Und wo war das Meer?

~ Weit unter uns. Der blaue Spiegel dort zwischen den Wolken.

– Bist du sicher?

~ Na gut, wenn du meinst, dann war der Meeresspiegel eben über uns.

– Und wir?

~ Lagen am Meeresgrund.

– O Gott, ertrunken?

~ Keine Spur. Wir lagen gemütlich Arm in Arm.

– So wie jetzt?

~ Wie jetzt. Und als wir wieder anfingen zu atmen, fing das Meerestosen wieder an.

– Was du nicht sagst. Hörst du es auch?

~ Es bebt.

399. Wir rieben uns.

Rieben uns aneinander, ohne uns zu bewegen,
still beieinander liegend, ohne die Möglichkeit,
unsere Lage zu ändern, wie unbequem uns
der Zufall auch zusammengewürfelt hatte,
und meine Hände lernten tastend sehen,
wer auf mir lag,
wie schlank der Hals, wie lang das Haar,
wie warm der Körper unter dem Haaransatz,
wie kühl und fest die Ohrmuschel sich abhob,
wie geschmeidig der Rücken,
wann er in Taille und Hüfte überging,
und so sehr ich versuchte, die Arme zu strecken,
meine Lage ließ es nicht zu,
ich hätte mich denn bewegen müssen
und den Magnetismus zerbrechen,
der unseren Gliedern die Anmut
tatenloser Veränderung gab,
das widerstandslose Einverständnis und
Fügen ins Unvermeidliche,
der höheren Kraft nachgebend, die uns vorwärtsriss,
diesem Fließen im Strom,
dem Untertauchen im Strudel bis zum Ertrinken,
bis es uns wieder nach oben schleudert in frische Luft,
den Unterschied deutlich machend
zwischen Bedrängtsein und Freiheit,
Aufatmen, Nichtatmen, zwischen oben und unten,
egal, ob links oder rechts, egal, wie der Strudel uns trug,
wir lagen und rieben uns, ließen den Funken knistern,
ohne uns zu bewegen,
nur unverwandt Nähe spürend.

400. Jetzt erklär mir bitte mal,
in welcher Rätselwelt ich hier gelandet bin.

~ Das weißt du nicht?

– Woher soll ich das wissen?

~ Von mir natürlich.

– Hast du mirs denn schon verraten?

~ Oft genug.

– Dann verrats mir bitte noch einmal.

~ Na gut ...

– Du sagst ja gar nichts.

~ Wolltest du denn, dass ich rede?

– Du wolltest mir doch was verraten.

~ Ach, und dazu, glaubst du, muss ich reden?

– Was denn sonst? Verrätst du mirs jetzt oder nicht?

~ Na gut.

– Du sagst ja wieder nichts.

~ Wolltest du denn, dass ich wieder rede?

– Wenn du nichts sagst, wie soll ich dann ...?

~ Das ist ja das Geheimnis.

– Du sprichst in Rätseln.

~ Eben. Wenn ich schweige, hört das Rätsel auf.

– Du meinst, die Sprache ist die Rätselwelt?

~ Nicht nur.

– Allmählich kommts mir vor, als wärst du das Geheimnis.

~ Nicht nur.

– Also langsam werd ich aus mir selber nicht mehr klug.

~ Wie nennt man das, woraus man nicht mehr klug wird?

– Wie man das nennt? Ein Rätsel, würd ich sagen.

~ Dämmerts langsam?

– Was? Ach du meinst ...? Das kann natürlich sein.

~ Was ist dir denn gedämmert?

– Dass ich selbst das größte Rätsel bin.

~ Gratuliere! Sie dürfen sich was wünschen. Hauptgewinn!

401. O-beinig wie ein Zirkusreiter,
der auf dem Pferderücken stehend die Manege umkreist, hefte ich meine Fußsohlen auf den Erdball, damit mich der Fahrtwind der Erde nicht in den Luftraum fegt. So haftet mein unteres Viertel als Sockel am Boden.

Aber schon von den Knien aufwärts fühle ich diese Bodenhaftung nicht mehr. Meine Oberschenkel schreiten hoch über Wolken. Mein Bauch mit dem Sonnengeflecht nistet im warmen Strahlenkern der Sonne.

Mein Herz durchpulst das kühle, schwarze, mit weißen Glitzerpunkten zwinkernde All von den Milchstraßen über die roten Zwerge, über Spiralnebel und Supernoven bis zu seinem Rand, dem Gitternetz, das unser Universum umschießt.

Mein Hals jedoch, wundersam, schlüpft durch ein weißes Loch ins Nichts jenseits des Gitters. Aus dem Kragen der Weltenkruste ragt mein Kopf ins blanke Nichts. Ich schließe geblendet die Augen und genieße die Mattscheibe, die mich von jeglichem Sinn und Verstand befreit, von Bangen, Hoffen, Zweifel und Ichgefühl. Ich fühle mich federleicht, narren- und vogelfrei.

Und doch, nach erlösender Stille, taucht eine neue Frage in mir auf: Wie kann es sein, dass mein Körper von 1.82 das gesamte Sternenall um zehn Finger überragt?

Ist das All geschrumpft?

Wer kann mir darauf eine Antwort geben?

402. Wo aber schliefen die Kinder,
als ich im Berge war?
Wohin trieben sie mich, als sie in Tälern versanken?
Der Kopf des Königs rollte, und das Oberhaupt sank.
Hat man ihn wiedergefunden?
Setzt man den Kopf wieder auf?
Und die alten Augen festigen wieder den Blick.
Scheu erst, steif von der Kälte, richtet der König sich auf.
Tief vergraben die Stimme,
nach endlosem Schweigen gehaucht.
Mehrmals versucht er zu sprechen, doch seine Stimme versagt.
Das Zepter legt man in seine Hand.
Wie er es suchend betrachtet: Zepter in meiner Hand.
Wohin soll ich es halten? Wohin dreht sich die Hand?
Und er beginnt sich zu regen.
Schaut, wie die Kugel sich dreht.
Nun erst beginnt das Regieren:
Je nach Kugelbewegung,
je nach der Richtung des Zepters,
regt sich, bewegt sich das Volk.
Und die Augen des Königs beginnen, Tränen zu zeigen.
Denn sein Wünschen bewegt die Scharen weit über Land.
Doch seine Stimme versagt. Noch hat ihn keiner gehört.
Noch hat keiner gehört, wie seine Seele klingt.
Nur das Zepter bewegt sich, glitzert im Morgenrot.
Und die Menschen bewegen sich
nach dem Rhythmus des Stabes.
Wogen wie Kornfelder auf, wogen wie Kornfelder ab.
Und die Völker wandern
aus Bergen, Wiesen und Feldern,
über Meere und Täler,
um ihren König zu sehen.

403. Nach der Sintflut war die Erde richtig nass.
Die Wälder dampften, und das Moos war voll getränkt.
Vor der Felsenhöhle für den Eremiten wuchs der Farn,
das Efeu hatte sich im Stein verkrallt,
der Stein war dicht bemoost,
und es roch nach Moschus aus der Höhle.
Die Tropenhitze wärmte selbst im Schatten,
aus dem regennassen Boden schoss ein Pilz.
Weißt du, so ein alter, brauner Steinpilz.
Er brach durchs Laub, Tannennadeln klebten noch
an seinem Dach, und er roch kräftig und gesund
nach Wald, wie eben Steinpilze riechen.
~ Und weiter?
– Weiter nichts. Das war's. Mehr hab ich nicht zu sagen.
~ O nein! Die Geschichte muss doch weitergehen.
– Wie denn? Der Pilz ist doch am Boden festgewachsen.
Und die Felsenhöhle auch. Was soll denn da noch sein?
~ Wenn der Steinpilz nach Waldboden roch und die Mo-
schushöhle nach Moschus, dann haben sich sicher ihre
Gerüche vermischt.
– Das kann schon sein.
~ Und dann ist ein neuer Duft entstanden.
– Kann schon sein.
~ Und wie roch der?
– Wie soll der gerochen haben? Nach unsrem Sumpf-
wald, wo wir Urlaub machen.
~ Im Sumpflaub machst du Urwald? Nicht im Laub-
wald?
– Mein ich ja: im Urlaub treffen wir uns an der Stelle, wo
wir versumpfen.
~ Wo war das gleich noch mal?
– Wo der alte Steinpilz aus dem Boden schießt.

404. **Manchmal, wenn ich aus Versehen**
in den Himmel treten will, klopf ich an die Sonnentür
und trete ein. Erst erkenne ich nur jenen, der mich einge-
lassen hat, dann besuche ich die Mütter und die Väter.
Bald durchschreite ich, und komme fast ins Staunen, wei-
te Länder, große Scharen, viele Heere.
Doch ich habe keine Lust zu reden. Bin ja aus Versehen
nur gekommen.
Und man schiebt mich immer weiter vor, bis zu einem
hellen, weißen Berg, und man führt mich durch das wei-
ße Tor und lässt mich sitzen. Doch ich blicke nicht nach
oben, denn es ist nichts über mir, schaue nur behutsam
vor mich hin.
Wie ich so im Sande spiele und die goldnen Körner
schaue, sehe ich allmählich, dass der ganze Himmel vor
mir liegt. Dieses winzige Gewimmel, wie die Ameisen
sich scharen, salutieren und formieren, hübsch zu schau-
en. Diese Himmelsscharen liegen hier im Sand, und ich
selber bin der helle Berg, den sie als den höchsten Punkt
betrachten. Als das Eine, was am längsten währt. Was
schon war, bevor die Scharen sich ergaben. Was noch ste-
hen wird, wenn alle Welten schwinden, wenn die Reiche,
die ich dachte, sich vergessen, wenn die Berge wieder
wohlig in die Täler sinken und die Lücke, die sich sehnte,
wieder schließen.
Und ich schaue, kaum noch sinnend, vor mich hin. Alles,
was ich schuf, liegt mir zu Füßen. Und ich fange an, mich
zu vergessen.
Jetzt erst hört das Himmelspielen auf.

405. Du?

– Ja?

~ Bist du's?

– Ich weiß nicht.

~ Wieso? Musst du doch wissen.

– Kommt drauf an, wen du mit du meinst.

~ Dich natürlich, wen denn sonst?

– Warum fragst du dann so dämlich?

~ Seppel, ich wollte mich mit dir ein bisschen unterhalten.

– Und warst dir nicht sicher, ob ich es bin oder ...

~ Oder was?

– Oder jemand anderes.

~ Jetzt hör aber auf.

– Warum fragst du, wenn du meinst, es wäre ausgeschlossen?

~ Na gut, ich weiß ja, wenn du fragst, gibst du keine Ruhe ...

– Bis ich geantwortet hab.

~ Quatsch, du meinst: Bis Ich geantwortet hab.

– Hab ich doch gesagt.

~ Du hast gesagt: Bis Du geantwortet hast.

– Wasch dir mal die Ohren, meine Liebe. Ich habe gesagt: Bis Ich geantwortet habe.

~ Ja, gesagt natürlich, aber gemeint hast du dich, nicht mich.

– Was hätte ich denn sagen sollen?

~ Bist du geantwortet hast.

– Ach, und dann hättest du dasselbe verstanden, als hättest du gesagt: Bis ich geantwortet habe?

~ So ist es.

– Aber weil ich dasselbe gesagt habe wie du, meinst du, ich meinte was anderes.

~ So ist es.

– Verrückte Welt. Wie kommt das?

~ Weil wir ein Zwiegespräch führen.

– Und was bedeutet das?

~ Dass wir zwei Standpunkte vertreten: du und ich.

– Ich dachte, wir wären zu einem Wesen verschmolzen.

~ Sind wir auch.

– Und warum kann ich dann nicht ICH zu DIR sagen?

~ Weil du dann alles durcheinanderbringst.

– Ich bringe gar nichts durcheinander, sondern du.

~ Sag ich doch.

– Also komm, jetzt bring mich nicht durcheinander.

406. Der Schrei war so heiser,
dass der Himmel eine Gänsehaut bekam.
Es krümmte und bäumte sich der Ast,
bis er wie Zunder zischte
und als Asche in die Fluten flockte.
Da war es, das Erlebende,
das Leben in dieser Gewandung,
und niemand darinnen, der sagen konnte: ich bin.
Zerfließender fichtengrüner Schaum,
weißer Sprudel und der gurgelnde Klang des Ertrinkens.
Niemand, niemand erlebte die Tragik,
den Blick des fliehenden Astes,
und doch gebar sich aus dem Dunkel eine Welt.
Ich sah: Breit und derb saß die Urmutter in der Hocke,
mit Kopf nach unten lugte ich aus ihrem Schritt.
Dreidimensionale Welt,
in die ich mit dem Stiefelabsatz trat.
Und umkehrte.
Aber die Urmutter hatte ihren Leib schon verschlossen.

Kein Zurück. Also schritt ich vorwärts. Aber wohin?
Jetzt durchdrang mein Schrei das Weltenei,
dass die Blitze sich ins Zwielicht duckten
und ängstlich hinter grollenden Steinfußboden wichen,
über den die dicken Eisenräder rollten.
Ein Reh sprang aus Sternennebeln ins Meer,
ein Walross schnaubte, spritzte Milch auf sahnige Inseln.
Ich bin.
Bin ich geboren in diese Welt,
so soll es sein, dass ich spreche.
Welche Klänge, welche Sprache mundet mir?
Eine Sprache, die ein Du versteht?
Bah! Wer da? Wer du?
Zwischen Hirnlippen bewegt sich meine Zunge.
Wer speist ihren Durst?
Welche falsche Bewegung oder es knallt!
Augen hoch! Ausatmen, anhalten. Wehe, du atmest!
Beklemmung löst sich.
Hier spielt der Hirnaffe Nachlauf.
Keiner verlässt den Satz!
Womöglich türmen? Sätze übereinander?
Nicht in Babylon.
Wer weiß, was gespielt wird?
Sind Sie unverrückt oder verunrückt?

407. Gegen den Erfinder dieses Spiels

gewinnst du nie. Während du mit Dame, König, Ass zu stechen suchst, macht er unverhofft Kreuz Neun zum Trumpf. Die High-Society wird eingereiht in die Tribünen, und Kreuz Neun, der junge Slalomläufer mit gestricktem Haarkreuz, wird zum Held. Alle Kinder zwischen zwei und zehn zählen plötzlich ihren vollen Wert. Ass zählt eins, die Dame drei, der König vier. Schon Karo Fünf, die noch im Vorschulalter ist, zählt mehr als der berüchtigte Kreuz König. Der gesamte Status der Erwachsenen ist außer Kraft gesetzt.

Hast du dich an dieses Punktsystem gewöhnt, spielt der Erfinder plötzlich Nullouvert. Jetzt zählt in der Gesellschaft nur, wer nichts hat, nur die Freaks und Bettelmönche zählen. Die Pik Dame mit den Nussbaummöbeln im Salon wird ausgelacht. Plötzlich zählt, wer einen großen Deal verschenkt, ohne mit der Wimper aufzuzucken.

Hast du dieses Wertsystem durchschaut, kehrt er wieder alles um: Grand Hand. Jetzt zählt nur der Bube und Betrüger, der ohne Studium den Doktortitel trägt, der als Heiratsschwindler Adelswitwen ausnimmt und im Grand Hotel die Rechnung prellt.

Laufend rennst du durch die Stufenleiter. Bist du endlich durch das Treppenhaus zu Fuß im 22. Geschoss gelandet, hörst du, dass die Sitzung für die Manager im Keller tagt. Fährst du mit dem Aufzug in den Keller, flüstert dir der Liftboy zu: Sitzung ausgefallen. Party auf dem Dachgarten mit Damenwahl.

Der Erfinder spielt mit dir Versteck, stellt die Regeln um, hält dich zum Narren, bis du endlich sein Vertrauter bist, sein Freund, und dabeisitzt, wenn er Spielregeln entwirft.

408. Du bist der König, kehre heim zu mir.

Du weißt, du hast dein Königreich verloren.
Die Ulmen warfen lange Schatten übers Land.
Jetzt zieht die Morgensonne auf den Hügel.
Du schaust dich um. Da kommt ein langer Zug.
Propheten, Tänzer, Ärzte, Himmelsdeuter.
Sie sehen dich, an deinen Stamm gelehnt, beim Hügel
sitzen, grüßen flüchtig, ziehen weiter mit Gemurmel.
Jetzt ist der Zug vorbei. Von ferne Lachen.
Da dreht das alte Bettelweib sich um,
das hinkend weit zurückgeblieben ist,
und zeigt ihr weinendes Gesicht.
Ein Blitz durchfährt dich: Es ist deine Mutter.
Und sie erkennt in dir den Sohn und hastet,
holpernd, hüpfend, ruft und winkt dem Zug.
Die Nachhut hörts, der Zug bleibt stehen, kehrt zurück.
Jetzt kommen Männer, kommt der ganze Tross
mit Sänften und Kamelen auf dich zu.
Sie halten vor dem Hügel an, beraten.
Der Älteste, im dunkelroten Umhang, betritt den Hügel,
steht im Wind, wirft Schatten. Der Wind
zerzaust ihm seinen gelben Bart, die weiße Mähne.
Er spricht zum Volk, er deutet auf den Baum,
in dessen Schatten du dich hingesetzt.
Die Sänftenträger stehen steif,
vom Wüstensand ist ihre Kraft gebeugt.
Sie kommen näher, scheu und ungelenk,
sie warten, setzen ihre Sänfte ab.
Der Alte ruft und gibt Befehle.
Sie treten näher, öffnen ihre Sänfte, laden ein.
Du seufzt, stehst langsam auf, umarmst den Baum,
der dir auf diesem Hügel Schatten bot, steigst ein.
Die Sänfte schließt sich, und der Tross bricht auf.

Bald hallen Rufe in der Ferne.
Die Karawane wird von einem Tal verschluckt,
taucht leise, schemenhaft, als ferne Punktekette
wieder auf, bis sie ein neues Wellental verschluckt.
Der Schattenbaum auf deinem Hügel rauscht im Wind,
rauscht, windet sich – und steht allein.

409. Wie findest du denn das?

– Was meinst du?

~ Dieses Liegen ohne einzuschlafen. Stört dich das?

– Mich nicht, und dich?

~ Mich auch nicht, warum fragst du?

– Ich wollte bloß mal wissen, ob du dasselbe merkst wie ich.

~ Was merkst du denn?

– Ach so, du merkst nichts?

~ Doch, natürlich merk ich was.

– Und zwar?

~ Ich bin ganz klein und liege schlafend wach in einer riesengroßen Halle.

– Also doch, ich dachte schon, ich spinne. Früher hieß es doch: entweder schlafen oder wachen.

~ Und jetzt?

– Da ist die Stille, und gleichzeitig noch etwas, was mich wach hält.

~ Etwas oder jemand?

– Wie mans nimmt.

~ Wie nimmt mans denn?

– Mal so, mal so.

~ Jetzt sag schon, wie nimmst du beispielsweise das?

– Das ist etwas.

~ Und zwar was?

– Ein Kitzel, ein Verlangen, der winzig kleine Funke, der
entsteht, wenn du zwei Feuersteine aufeinander schlägst,
und dieser Funke setzt den ganzen Heuhaufen in Brand.
~ Und dieses?
– Das ist jemand.
~ Und zwar wer?
– Meine Ma.
~ Oh, eine Frau? Die kenn ich ja noch gar nicht.
– Kennst du nicht?
~ Noch nie gehört. Erzähl mal, wie sie ist.
– Also das ist eine, so was gibts nur einmal.
~ Was ist denn so einmalig an der Dame?
– Erst tut sie wie ein scheues Reh und rennt davon, und
wenn du hinterher jagst, stolpert sie und tut, als hätte sie
den Fuß verknackst.
~ Und dann?
 – Dann lässt sie sich von dir nach Hause tragen und
schaukelt mit dem Lockenkopf auf deiner Brust, als wär
sie ohnmächtig.
~ Und dann?
– Dann legst du sie aufs Bett, und sie phantasiert, als
läge sie im Fieber, und nennt das weiße Bettlaken ihr
Milchmeer.
~ Und dann?
– Dann deckst du sie behutsam zu und ziehst die Decke
über ihren Knöchel …
~ Au, mein Knöchel! Hast du keine Salbe gegen Muskel-
zucken?
– Siehst du, typisch Ma, du kennst sie also.
~ Ich, woher?

410. Wie ewig bist du, schwarzer Stein,
du weiß Gescheckte. Dein Kopf geneigt, schauen deine
blinden Augen mich an, und ich weine in deinen Schoß
ob deiner Taubheit. Nicht rührt dich mein jammerndes
Menschsein, nicht mein Gelüst, nicht meine Angst nach
Zweisamkeit, und was ich sage, perlt ab an deiner weiß
glänzenden Haut.

Du Schillernde, gütig geneigt ist dein Haupt, Ebenmaß
deine Züge, gebend und weckend deiner Hände Geste.

Wo ist dein klopfendes Herz? Wo bist du, Marmorfrau,
weiß Leuchtende, die still und ungerührt steht, dass meine Lippen erblassen? Wo atmest du, schweigsamer Stein,
der so lebendig erscheint und doch ohne Zeit?

Wer hat dich wann aus welchem Geschlechte geschlagen,
welche Regungen, welche Wässer, welche Öle haben dich
poliert, welche Sandpapiere geschmirgelt, welche Feilen
wuchtig geglättet, welche Meißel haben dich gehauen
und welcher gewaltige Knall aus dem Gebirge ge-
sprengt?

Fühlst du dich nun, da du ins Letzte verfeinert, da du in
Menschengestalt, in göttlichem Ebenmaß stehst, würde-
voller als eh, bevor du vom Felsen geteilt? Warst du nicht
größer, erhabener, als du, zwar dem menschlichen Auge
versteckt, aber verbunden mit deiner Heimat, dem Berg,
wohntest im alten Fels?

Wer bist du, Marmorfrau, die mir erscheint, wenn ich
den Fuß hinter die Lichtung setze, wenn ich, von Neu-
gier getrieben, hinter die Klippe trete, die noch kein Fuß
betrat?

Ist hier das Schweigen zu Hause, das keine Frage erlaubt?
Sind hier der Vater und meine Himmelsbraut?

Wo liegt der Prinz, der versteinerte, der die Perlen
des Leids und der Freude aus seinen Augen verlor?

Jede Frage erstarrt, bevor sie beendet, schon zum erschaffenden Satz.

Ist denn kein Zweifel, nichts Offenes in meinem Bitten?

Redest du nicht? Reden nicht deine Gesten?

Weiße, hellgrüne Frau, du blaue, schwarze Gestalt, wie unwandelbar sind deine Züge, wie wandelbar sieht dich mein Blick, getrieben von neuen Gefühlen, neuen Vermutungen, Wünschen, die ich lese von deinen Lippen, deinen hellblauen, stummen, aus Stein.

411. Darf ich mal probieren, werter Herr,
ob der Ring auf Ihren Finger passt?
– Ich würde sagen: etwas eng, Mylady.
~ Na immerhin, auf Ihre Fingerkuppe passt er.
– Ich würde sagen: eine Fingerkrone.
~ Oder auch ein Scheinheiligenschein.
– Ja, ein scheinheiliger Finger, er macht sich viel zu dick
für diesen Ring.
~ Moment, da nehmen wir ein bisschen Seife, sehen Sie,
schon rutscht er.
– Tatsächlich, hätt ich nicht gedacht, jetzt kriegen wir
den Ring nicht mehr vom Finger.
~ Wozu auch, dieser Ring bleibt jetzt hier drauf.
– Für ewig?
~ Ja.
– Dann denkt man ja, ich sei verheiratet.
~ Sind Sie auch.
– Mit wem?
~ Die beiden Namen sind auf der Innenseite eingraviert!
– Zu dumm.
~ Wieso?
– Ich krieg den Ring nicht mehr vom Finger, also kann
ich auch nicht lesen, was dort steht.
~ Das brauchen Sie auch nicht.
– Wieso nicht?
~ Weil es Ihnen auch der Geist aus dieser Flasche Met
verraten kann.
– Da bin ich ja gespannt.
~ Freuen Sie sich nicht zu früh. Ich wette, sie kriegens
trotzdem nicht raus.
– Und warum nicht, bitte schön?
~ Weil Sie nicht wissen, wie man ihn zum Reden bringt.
– Wärs nicht möglich, dass Sie mich dabei beraten?

~ Also gut. Man stellt die gut verkorkte, volle Pulle vor sich hin und ruft: du Flasche!

– Im Ernst?

~ Probieren Sies!

– Sehr wohl, Madame, ich bitte höflichst um den Korkenzieher.

~ Na gut, aber tun Sie meiner Flasche nichts zuleide.

– Ich bitte Sie, ich will sie doch nur öffnen.

~ Das sieht ja aus, als wollten Sie dem armen Ding den Kopf verdrehen.

– Das muss man manchmal, wenn man etwas öffnen will.

~ Wann probieren Sie denn die Beschwörungsformel?

– Sofort, ich stelle jetzt die offne Flasche vor mich hin: du Flasche!

~ Und?

– Es tut sich nichts.

~ Vielleicht ist er beleidigt?

– Beleidigt? Hab ich denn was falsch gemacht?

~ Sie haben ihn mit Flasche angesprochen.

– War das verkehrt?

~ Es gibt noch eine zweite Formel.

– Und die wäre?

~ (Wisper)

– (Wisper)

~ Sehen Sie, da neigt sich schon die Flasche und füllt die Becher mit dem Flaschengeist.

– Danke, Fräulein, Prost, auf unsre Ehe!

~ Zum Wohl!

– Ich sehe schon, Sie haben stets das letzte Wort.

~ Ergo ...?

– ... erkenne ich in Ihnen meine Frau.

412. Ich sitze im Kino, sehe einen Film.
Die Kamera schwenkt über Säulen und Glasfenster einer Kirche, Strahlen aus Licht bewegen sich, dann ein düsterer Weg, an einer Autowerkstatt vorbei, die Kamera schwenkt hinein. Ich merke, der Film gefällt mir nicht, will aus dem Kino heraus, verkrieche mich in der Werkstatt. Aber wohin ich mich auch wende, ich stehe im Hauptgeschehen. Was ich sehe, wird im Film gezeigt. Ich wundere mich. Wer hat diesen Film gedreht? Plötzlich wird mir bewusst: Der Kameramann bin ich.

Wenn ich entwischen will, kommen Wächter auf mich zu und fragen, wohin ich will. Aber die Szenerie ist künstlich. Es sind keine echten Wächter. Ich sage: Du bist nur ein Roboter, eine Maschine, die auf das Schwenken des Kameramanns reagiert. Der Roboter gibt es nicht zu. Da nehme ich den Wächter am Bein und schleudere ihn mit dem Kopf an die Wand: nichts als Drähte und Schrauben.

Jetzt will ich aus dieser künstlichen Welt. Die Häuser sind alle aus Pappe. Wie komme ich raus? Richtig: ich kann doch fliegen. Das ist die Lösung. Wellpappenwelt. Ich fliege hinaus, hinaus aus den Häusern aus Pappe. Endlich Wiesen, Wald und Himmel. Aber ach: alles aus Pappe. Unter mir Wellpappe, über mir Wellpappe, Himmel und Erde aus Pappe. Ich fliege nach oben, löse die Pappschicht, fliege hindurch zum Himmel. Aber ach: über mir ein zweiter Himmel aus Pappe. Ich fliege durch sieben Schichten des Himmels: alle aus Pappe.

Wo ist die Freiheit, die Welt der Natur? Künstliche Menschenwelt! Indem ich nach oben fliege, kann ich den Film nicht verlassen. Ich bin ja der Kameramann.

Jetzt fällt mir die Lösung ein: Ich schließe einfach die Augen. Schon komme ich in lichtere Felder ohne Wellpappengrenzen.

Und wie ich das klare Licht erschaue, erwache ich aus dem Traum. Die Welt, die ich sehe, die Welt, die ich sah, war künstlich, war menschengemacht. Ein menschliches Filmereignis, diese Raum-Zeit-Welt.

Der Mensch hat die Technik erfunden, der Mensch hat Regie geführt, der Mensch hat Kulissen gebastelt, Pappstatisten erstellt, und ich war der Kameramann. Die Gedanken der Menschen sind es, die ich erblickte, filmische Projektionen.

413. Erst spürte er die schlanke Eva,

deren Herz mit seinem Herz verschmolz. Spürte die traute Nähe ihres Atems, ihrer bebenden Brust, drückte ihre Schultern, ihren Nacken an sich, kraulte ihr Ohrläppchen. Dann war es Sieglinde, die ihr blondes Köpfchen hin und her schlug, dann spürte er die griesige Zuflucht Lisas, die ihn warm und mütterlich umfing. Und schließlich war es Viola, und ihr glänzender Feuerball glühte violett und steckte die Zündschnur an, bis die Schlange sich regte, sich bäumte, züngelte und ihm schließlich in den Kopf biss.

So hatte er das früher nie erlebt. Es war immer ein und dasselbe Gefühl, mehr oder weniger befreiend oder beengend. Und jetzt: ein Kaleidoskop, ein Mosaik aus tausend Splittern, Erinnerung, Vorstellung, Wunsch, alles schmolz ineinander, ein sprühendes Feuerwerk der Phantasie, ein Freudenfest, erfüllender, als er es je erlebt hatte, wenn er seine Kräfte im Beisein einer Frau verausgabt hatte.

Das war der Unterschied von Geist und Körper: der Körper, begrenzend und greifbar; der Geist, unfassbar, grenzenlos, aber nicht weniger konkret, nicht weniger spürbar. Wenn er erst in jene feinen Bereiche des Geistes eingedrungen war, die mächtiger und konkreter waren als jede Materie, ja, die die Bausteine für alle Materie waren: in den Bereich der Wünsche und Vorstellungen, aus denen sich die Menschheit seit undenklichen Zeiten immer wieder neue Welten, neue Träume erschuf, neue Weltbilder, neue Konzepte, eine neue Wirklichkeit, die nur dazu diente, ihre Wünsche zu erfüllen, Erfahrungen zu ermöglichen, aus denen sie lernen sollte, zwischen Sein und Schein zu unterscheiden.

Was war wirklich? Materie oder Geist? War Geist wirklicher als Materie? War Geist die letzte Wahrheit, der Urgrund der Schöpfung? Oder gab es etwas jenseits des Geistes? Ein undefinierbares, geistloses Feld jenseits aller Vorstellung, jenseits aller Wünsche und Konzepte, jenseits der menschlichen Fasskraft und Einbildung?

Wie konnte er das erfahren, erkennen, beweisen? War es ein Feld reiner Glückseligkeit, wie es der Veda beschrieb? Und wenn es ein solches gab, wie konnte er es erfahren? Durch Wellen der Freude, durch Wellen höchster Ekstase?

Und diese Ekstase, was war das anderes als der erotische Höhepunkt, der Augenblick, der früher nur Sekunden anhielt, jetzt aber täglich vierundzwanzig Stunden?

414. In einem halbverfallenen Hotel

wohnt unsere Gruppe. In einer Ecke herrscht Gesellligkeit. Einer Frau soll ich den Schal reichen, aber zu meinen Füßen liegt eine, die an mir zerrt und mit den Händen dazwischen geht. Es gelingt mir dennoch, der Erhobenen den Schal zu reichen. Dann schaue ich nach unten und entdecke ein schlankes, überaus schnuckliges Ding.

Sie steht auf und wir unterhalten uns. Ich frage sie, ob sie Lust hat zu tanzen, denn wir hören Musik. Sie nickt. Wir stehen da, umfassen uns, fangen ganz sachte an, uns zu bewegen, nur andeutungsweise, wir sind fast bewegungslos.

Dann merke ich, wie ich langsam in die Musik einschwinge. Ich werde zum Zittern, zum Impuls, wir reiben uns aneinander, umschlingen uns, vibrieren zusammen wie ein einziger Organismus. Wir spüren das Aneinanderdrücken wie eine Schlange den Baumstamm, den sie umwindet.

Dann hebe ich sie hoch. Sie ist federleicht und geschmeidig. Ich hebe sie so, dass wir ausladende Figuren darstellen. Ich packe sie an der Hüfte und an den Schenkeln, nahe am Oberschenkel, meine Hand liegt am Innenschenkel, ihre Schenkelmuskel zucken. Warmes Fleisch, ich streiche über seidenweiche Haut unter glatter, pulsender Muskulatur. Wir bilden eine Einheit: ich den Stand und sie die Geste, die in eine Richtung weist.

Sie war als Siebenjährige zum Waisenkind geworden. Man hatte sie als Tempelgöttin ausgewählt, hatte ihr Tempeltanz beigebracht, kleiden, schminken, frisieren, singen und surren. Wenn ein Verehrer in den Tempel kam, stand sie bewegungslos wie eine Bronze auf ihrem Sockel. Ihr Schmuck war bronzefarben wie ihre Haut, der gehämmerte Kopfschmuck, die Reifen für Arme, Hand- und Fußgelenke, die Ketten um Hals und Taille, das Ohrgehänge, alles lag wie angegossen auf ihr, breit und schwer, aus einem Guss mit ihrer bronzeglänzenden Haut.

Obwohl die Steinfliesen des Tempels kühlten, glänzte ihre Haut vor Feuchtigkeit. Gerade das war das Erregende. Wenn der Verehrer seine Lieder sang, sein Kampferlicht und seine Glöckchen vor ihr schwang, stand sie bewegungslos, nur ihre bebende Brust verriet, dass sie lebte. Ihre Augenlider hielt sie nach unten gerichtet, ihr Blick erfasste nur die Füße des Verehrers.

Dann begann der Verehrer mit der heiligen Waschung. Er salbte ihre Füße, die auf dem Sockel standen, dann strich er die Knöchel ein und hob sie schließlich vom Sockel, um sie von Kopf bis Fuß zu balsamieren. Dabei hielt sie sich so steif wie möglich. Aber das ging nicht immer. Der Kitzel der Erregung bog ihren Körper, sie wich zurück, wölbte sich vor, das Wogen begann, das Spiel des Händedrucks gegen den Druck des Körpers.

Und als er schließlich ihre Handflächen massierte, kamen diese in Bewegung, griffen nach ihm, legten sich um seinen Nacken, betasteten seine breiten, kräftigen Schultern. Ihre Lider hoben sich und ihre dunkelbraunen Augen schauten ihn aus fest umrahmten Augenwinkeln an.

Nun begann das Erhören der Göttin. Er besang ihre Schönheit, ihre weiblichen Reize, ihre Zauberkraft, die Kraft der Sinnesverwirrung und Betörung, und belebte damit ihre Kräfte. Sie reizte, wand sich, sträubte sich, bot Widerstand, bis er die richtigen Griffe und Worte fand, sie gnädig zu stimmen. Dann zeigte sie ihr Wohlwollen, und im Zuge seines Forscherwerdens ließ sie sich öffnen und steigerte sich in aktive, leidenschaftliche Hingabe.

Jetzt war sie es, die ihn mitriss, ihn nicht losließ, ihn zu immer neuen Wellen der Bewegung reizte, ihn mit Sturmflut überströmte und seine letzten trocknen Ufer einstürzen ließ, ihm den göttlichen Funken zu spüren gab, der den Ermatteten hochreizt zu neuer Tat, zu neuer Hoffnung, zu neuem Kampf, zu neuem Tanz.

Ein Tanz der Öffnung und Zuneigung, ein Tanz überschäumender Liebe, der nicht enden durfte, so war die Bestimmung des Tempels, ehe das erste Vogelgezwitscher durchs Fenster drang und das Morgengrün durch Mandelbäume schien.

415. Matt glänzend lag er vor mir,
rund und schwer, leicht gedellt von meinen Fingern
und Handballen, die ihn weich geknetet, rund geknetet
hatten, dass keine Falten und Brüche mehr zu sehen, dass
der Klumpen eine satte, formbare Masse werde, bar je-
der Einzelheiten, jeder vorgefassten Struktur, einheitlich
knetbarer Lehm, genügend befeuchtet, um sich leicht for-
men zu lassen, nicht zu spröde, dass er erstarre und sich
gegen weitere Formung sträube, nicht zu feucht, dass er
am Finger klebe oder zu Matsch zerlaufe, nein, richti-
ger Ton, dem Former, Gestalter genehm, ein Genuss dem
Geiste des Schöpfers, angenehm seinem Auge, dass sich
das Wasser im Munde und Magen, dass die Gedanken
sich sammeln, der Gestaltungswille sich vorbereite, die
Handballen die Berührung erproben und beginnen zu
kneten, diese kühle, diensame Masse erst langsam strei-
chelnd, dann packend, schließlich eindrückend und mit
den Nägeln Kerben und Einschnitte hinterlassend wie im
Fleisch der Geliebten, bis aus Knet- und Streichellust ein-
zelne Glieder entstehen, ein Rumpf, ein Kopf, ein Bein,
ein zweites, ein Arm, ein zweiter, und diese Glieder zu-
sammen eine Figur, ein Kind der Fleischeslust zeugen,
der Lust am Greifen und Kneten, Pressen und Kneifen,
am Streicheln und Biegen und Brechen und Beißen, am
Zerreißen und Zerfetzen der Materie ...
Mein schöner Klumpen!
Zerfetzt, zerstückelt. Einzelne Glieder hier und da. Sie
trocknen. Erstarrt, zerbröckelt, zu Staub zerfallen liegt er
in Krumen und Krümeln.
Klumpen vorbei.
Ich forme eine Gestalt, eine schöne nach meinem
Wunsch, als heiße Erfüllung meiner Sehnsucht, meiner
Sucht, eine Gestalt, wie es noch keine gab, die mich trös-

tet über die Vergänglichkeit fleischlicher und sinnlicher Beziehung, und die Gestalt lässt mich den Verlust des Klumpens vergessen, entschädigt mich durch Liebreiz, durch duldsame Freizügigkeit, die mir den Kitzel schenkt, nicht nur Verbraucher, sondern Erfinder zu sein, Schöpfer der Zauberin, die andere hinraffen, in ihren Bann schlagen wird, sie zum Diener ihrer Macht zwingend, sie demütigend, erbärmlich winselnde Würmer, die nicht schaffen, nur verbrauchen wollen, die nicht vorstreicheln und formen, sondern vorgeformte Formen nachstreicheln wollen, aus ihrem Mangel an Erfindungsgeist.

Nein, daran soll es nicht mangeln. Erfindungsgeist liegt im Erinnern an den Klumpen, an die grenzenlose Möglichkeit des Ungeformten. Solange die Erinnerung in mir lebendig, so lange liegt der Reichtum des Schöpfers in meiner Hand. Und nach der ersten Geliebten gestalte ich die zweite, gestalte ihre Schwestern und Kinder, ihre Ahnen und Enkel, ihre Haustiere und die Behausung, die Landschaft, das Meer, den Planeten, auf dem die Geliebte weilt, gestalte die Sternenwelten, die sie am Himmel erblickt, und lege ihr diese ihre Welt als Liebesgabe zu Füßen, in ihre Hände, ans Herz.

Dieser kleine Ball, der Planet, nicht größer als deine Brüste, sei dir geschenkt als Zeichen der Verehrung. Zum Zeichen, dass die Welt in deinem Herzen wohnt, drücke ich den klumpigen Ball tiefer in deine lehmige Brust, denn aus Lehm ist beides geformt, und beides werde zu Lehm.

Lass deine Arme sich schließen über dem Ball, der Erde bedeutet, Mond, Sonne, Sirius, jeden Planeten, jeden Stern, der dein Himmel war. Lass deine Hände sich schließen über dem Firmament, lass die Behausung und die Landschaft und das Meer verschmelzen mit dir, die als erste dem Lehm entsprang, lass deine Ahnen und Enkel mit dir verschmelzen, der Urmutter, die von Klümpchen zu Klümpchen dicker und runder wird, bis sie dem Urklumpen gleicht, dem Einen, in das ich alle Figuren, noch bevor sie vertrocknen und zu spröde erstarrten Bruchstücken werden konnten, wieder hinein gedrückt habe, der großen Masse, die ich nun knete wie Teig, wild und immer wieder, bis die Konturen und Ränder samt aller Einzelheiten der vorhin so reizenden Figuren verwischt und verkittet sind und der breite batzige Klumpen wieder satt und ungestaltet vor mir liegt, matt glänzend.

416. Er hatte keine dauerhafte Freundin,

denn er war viel zu anspruchsvoll. Überall sah er die Unvollkommenheit. An jeder Frau hatte er etwas auszusetzen. Denn er suchte das Vollkommene. Eine Partnerin, die gleichzeitig einen vollendeten Körper und eine ideal zu ihm passende Seele hatte. Die ihn ohne Worte verstand. Der er nur zuzunicken brauchte, und sie wusste Bescheid. Die so kochen konnte, dass er nichts auszusetzen hatte. Die ihm seine Ruhe ließ, wenn er sich der Arbeit widmen wollte. Die ihn verstand mit dem, was er schrieb, die am besten seine Sekretärin und Dienstbotin spielte, seine Kritikerin und Mitautorin. Die ihm schauspielern konnte und ihm Mutter und Tochter ersetzte. Die alles wusste und sich doch äußerlich unschuldig unwissend gab ...

Deswegen war er allein. Und blieb allein. Denn sein Anspruch war verdammt zu ewigem Unerfülltbleiben.

Bis er den Mann kennenlernte, den alle erotischen Frauen umschwärmten und der sich vor vollkommenen Geliebten kaum noch retten konnte. Und der ihn, als er ihn fragte, wie er das fertigbrachte, in das Geheimnis der Schönlügerei einweihte.

Seither hatte er nur noch perfekte Geliebte. Wenn auch am ersten Tag noch unvollkommen, durch die Technik der Schönlügerei wurden sie von Tag zu Tag vollkommener. Er verstand es, einer Frau, deren Brust er zu flach fand, das Kompliment zu machen, sie habe die aufregendste, jungfräulich knospende Brust der Welt, schöner als alle die aufdringlich vollbusigen, die sich dem Manne in widerwärtiger Drallheit anbiederten. Einer schüchternen Frau, deren Augen ihm viel zu feucht erschienen, riet er nicht etwa, wie er es früher getan hätte, ihr Selbstbewusstsein zu stärken, um einen festen, siegesgewissen Blick zu bekommen, sondern erklärte ihr, gerade das Feuchte in ihrem Blick verriete ihm ihre geheime Wollust und schüre in ihm die Sehnsucht nach Vereinigung mit ihr.

Früher war es seine Art gewesen, den Menschen als erstes ihren offensichtlich gröbsten Makel ins Gesicht zu schleudern. Er empfand sich als Zahnarzt, der den Menschen half, den faulen Zahn zu ziehen und sie damit von ihren krankheitserregenden Störfeldern zu befreien. Aber das hatte ihn unbeliebt gemacht. Keiner hörte gerne, dass er zu dick sei oder zu klein oder zu schüchtern oder zu frech oder zu pickelig. Dennoch blieb er lange bei dieser Unart. Er wäre sich als feiger Lügner vorgekommen, als Süßholzraspler und Schleimer, wenn er seine Fähigkeit, die Fehler anderer auf Anhieb zu erkennen, nicht zu deren vermeintlicher Heilung eingesetzt hätte. Die Ratschläge seiner Mutter, doch etwas taktvoller und feinfühliger zu sein, um sowohl im Privatleben, als auch beruflich mit Geschäftspartnern und Kunden besser auszukommen, hatte er als schäbigen Opportunismus verworfen.

Erst durch den Schönlügner hatte er verstanden, dass es nicht nötig war, die offensichtlichen Fehler seiner Mitmenschen zu vertuschen. Nein, im Gegenteil, er konnte jetzt noch viel genauer und genüsslicher in allen Einzelheiten dieser Unzulänglichkeiten wühlen, und dennoch tat es den Damen nicht weh, nein, es war Salbe auf ihre Wunde, denn er verstand es, jedem noch so kleinen Makel, der den Damen unterschwellig bewusst war und ihr Selbstbewusstsein unterwanderte, eine kostbare, einmalige und eben dadurch bewundernswerte Anziehungskraft zuzuschreiben.

„Deine Augen sind so wunderschön eng beieinander", sagte er zu der Frau mit dem irrsinnig schizophren wirkenden Blick, „wie ich es noch bei keiner so bezaubernd gesehen habe. Als wärst du verrückt nach mir. Das macht mich verrückt. Dieser Blick muss alle Männer verrückt machen. Sicher fliegen sie auf dich wegen deiner eng stehenden Augen."

Nun hätte man denken können, dass die Technik der Schönlügerei dazu hätte führen können, dass die Damen ihre Mäkel noch weiter kultivierten und übertrieben. Aber das war nicht der Fall. Das erste, was er stets bemerken konnte, war ein erleichtertes Aufatmen, oft eine Träne im Auge. Endlich ein Mensch, der ihre persönliche Note zu schätzen wusste, der seinen Finger nicht in die offene Wunde legte, die so viele, schon die Klassenkameraden in der Kindheit, geschlagen hatten. Ein Mensch, der sie so akzeptierte, wie die Natur sie geschaffen hatte. Denn sie konnten es schließlich nicht ändern.

Das Nächste aber war, dass sie begannen, sich selbst zu akzeptieren. Plötzlich war ihr größter Makel nicht mehr ihr wunder Punkt, sondern ein Zeichen ihrer Einmaligkeit, eine individuelle Note, der sie von der Dutzendware abhob. Der ihnen eigenes Innenleben und ein Recht auf eigene Meinung und eigene Gewohnheiten verlieh. Ihr angeblicher Mangel wurde zum Zeichen ihrer Unaustauschbarkeit. Er machte sie einmalig.

Und in dieser Einmaligkeit gefielen sie sich, bewegten sich selbstbewusster, wurden mutiger, anmutiger, konnten sich geben, wie alle schönen, makellosen Menschen, wurden von ihrer Umgebung als solche akzeptiert und in die geheime Clique der makellos schönen Menschen aufgenommen. Jetzt waren sie Teil der Schönheit dieser Welt, jetzt gehörten sie zum Sinnesreiz der Schöpfung, jetzt hatten sie die Erlaubnis, ihre Wünsche deutlicher zu äußern, bestimmter zu fordern, wonach ihr Herz verlangte, selbst Bedürfnisse und Gelüste offen zu zeigen, derer sie sich bisher schämen mussten. Es gehörte einfach zur Natur des Menschen, menschliche Bedürfnisse zu haben.

Sie weinten, weil sie plötzlich alles durften, wenn ihnen ein neues Bedürfnis bewusst wurde, das sie sich bisher als unerlaubt versagt hatten, das sie ins Unterbewusstsein verdrängt, aber bisher noch nicht bewältigt hatten. Er schenkte ihnen ihre Menschlichkeit.

417. Daphne im Wohnzimmer.

Das Kaminfeuer knistert. Weißes Tüllkleid auf nussbrauner Haut. Erinnerung an unseren ersten Abend. Raschelnder Tüll. Raschelnde Kräuselfalten. Wie eine buschige, voll erblühte Rose. Und mitten in dieser weißen Rose ihr nussiger Körper. Ich taste ihre Lippen, durchkämme mit gespreizten Fingern ihren Haaransatz über dem Nacken und spüre, wie sie ihren Kopf in meine Hände fallen lässt. Ja, das ist Daphne. Niemand sonst lässt seinen Kopf so vertrauensvoll entspannt in meine Hände sinken.

Ich fühle mich wie ein Atlant, der das Himmelsgewölbe in Händen hält. Meine Wimpern klopfen an den schmiedeeisernen Ziergittern ihrer Wimpern, ihre Falltüren klappen auf und gewähren mir Einlass in das tiefblaue Firmament, das sich unter Daphnes Lockenschopf verbirgt und in den Stützen meiner Hände ruht. Während im Zimmer völlige Stille herrscht, höre ich ihre Stimme.

~ Komm, mein Lieber, lass dich sinken. Fall in meine Augen, vergiss, wer du dachtest zu sein, vergiss das Sofa und das Tüllkleid und den knisternden Kamin, vergiss die Kristallgläser auf dem Glastisch, vergiss, wo du glaubtest zu sein, schlüpfe durch meine Luken, solange sie offen sind, und wenn du drin bist, schließen wir sie wieder, und du kehrst nie mehr zurück in die Welt der hautumkapselten Körper aus Knochen, Zähnen und Fingernägeln, aus perlmuttern schimmernden Fußnägeln und elektrisch knisterndem Haar, aus zitternder Haut und sich sträubendem Körperflaum, aus Erdbeben brechendem Brustkorb und Hurrikan, aus Tornados, die von Japan bis Florida ziehen, aus Regenschauern und dampfenden Tropenwäldern.

Deine Fingernägel beißen sich in weiche Rückenpolster, deine Schneidezähne schaben knusprige Schweinsöhrchen, eine Nase aus Marzipan, perlenverzierte Fesseln schaukeln im Wind, warme, weiche Nougatschenkel zergehen dir auf der Zunge, zwei Leiber schmelzen zusammen wie Butterklöße im Tiegel und werden zu brutzelnder, ausgelassener Butter, die sich nicht trennen lässt, und alles ist vergessen außer mir.

Ich bin dein Treibstoff und dein Motor, dein Rennwagen, das rollende Gürtelrad in den Kurven, bin das Motorengeräusch auf der Rennstrecke, bin die Landschaft und die Bahn, auf der du fährst. Ich bin das Meer, auf dem dein Schiffchen schaukelt, du bist die Nussschale in meinen Wellenbergen. Meine Brecher lassen dich schaukeln und zerschellen, bis du strandest auf einsamer Insel und dein müdes Haupt an meine Brust lehnst.

Die Palme auf der Insel gibt dir Kokosmilch, kühlend und stärkend, die Insel wächst und wölbt sich aus dem Meer. Grüne Weiden überziehen die Erde, Kühe mit prallen Eutern zupfen das Gras. Wälder dampfen, Regenwälder brodeln, riechen nach Pilz und Moos. Scharfe Pfifferlinge brutzeln in der Pfanne. Wer versteckt sich im Wald? Ein Purpurmantel aus Samt? ... Oh ja, ein grünes Stengelchen, mir auch!

– Also, ich passe. Das ist mir zu hoch.

~ Musst du denn alles begreifen? Mit dem Gaumen trinken, nicht mit dem Hirn. Die Geschmacksknospen liegen in der Zunge. Nimm die Saftpresse, ich will auch trinken.

– Prima, wie das schmeckt. Wie flüssiges Gold. Meine Kehle ist ein Golfstrom im Atlantik.

~ Meine Kehle ist der Schmelzofen einer großen Glockengießerei.

– Ich bin der Glöckner.

~ Du? Dass ich nicht lache!

– Noch ein Fläschchen Met vom Keller holen?

~ Komm!

Kalte Stufen, über die wir wandern. Wo ist der Met, wo ist das Weinregal? Ich tapse barfuß über glatte Marmorstufen, eine Tür ist angelehnt, aus dem Spalt dringt Dampf und Stimmendröhnen. Ich schiebe den Spalt auseinander und luge hinein. Ah, ein Dampfbad, komfortables Haus! Daphne schiebt mich durch die Tür und folgt.

Langsam erkenne ich durch den Dampf die Wände: roh behauener Fels. Ist das Haus an eine Felsenhöhle gebaut? Wo sind die Leute? Ich höre doch Stimmen. Ich trete tiefer in den Raum, verliere den Halt und platsche in eine große Kuhle voller Schlamm. Dampfend warm, es riecht nach Keller und Kräutern, wie in einer Markthalle. Ein Schlammbad also.

Schwarzgrüne Leiber platschen durch den Schlamm, bespritzen, fangen, kneten, kneifen sich und kreischen, beißen sich in den Hals. Köpfe tunken in braungrünen Brei, tauchen prustend mit runden, weißen Augen wieder auf, körnige Schlammschicht reibt über Arme und Beine, einseifen, Schlammschlacht. Stimmengewirr.

Fress mich!

Halt, das tut weh!

Oh, schön weh!

Komm in mein Maul!

Deine Augen saugen mich ein. Meine Ohren können dich nicht riechen. Lass mich, ich will dich! Meine Fingerkuppen wollen dich betrachten.

Mich nicht! Wehe, du Biest! An der Kniekehle bin ich empfindlich.

Und im Nabel?

Ah, du bist das! Endlich erwische ich dich!

Hab ich dich erkannt?

Ja, ich bins, ich ...

Kommst du mich heute besuchen?

Ich besuch dich gleich, im Milchmeer.

Schlamm wirbelt auf, warm und kalt.

– Fließt hier der Golfstrom vorbei? Oder taut hier der Nordpol?

~ Ich bewundere deine Scharfsinnigkeit. Wir sind gerade an der Packeisgrenze. Gleich kommt das Polarloch, dann biegen wir ein und segeln ins Innere der Erde.

– Tja, die Wikinger, das waren Kerle! Kernig, mit Hörnern aus Lehm.

~ Aber die Burgfräuleins sind auch nicht ohne.

– Komm mal hier her. Hier sind Strudel im Schlamm. Ist hier ein Zufluss, eine unterirdische Quelle?

~ Meinst du, ich sitze auf dem Trocknen? Jede Oase hat eine Wasserader.

– Verstehe. Jetzt wird mir einiges klar.

~ Wird auch Zeit. Mein lieber Trottel. Komm jetzt, bevor ...

– Halt! Da hat sich was bewegt!

~ Ich weiß.

– Sieht aus wie der Schwanz einer Riesenschlange.

~ Wusstest du das nicht?

– Mein Gott, und darin haben wir gebadet!

~ Eben drum.

– Und haben Quatsch gemacht, als wenn nichts wär!

~ Deswegen ist sie aufgewacht.

– Mein Gott, ich falle in Ohnmacht.

~ Bitte nicht.

– Herrje, ich spüre ihre Zähne.

~ Das sind meine Fingernägel, weiter nichts.

– Du hast mich zu Tode erschreckt.

~ Ich muss dich einfach kratzen.

– Und morgen bin ich wieder ganz verkratzt.

~ Wie der Prinz, der ins Dornröschenschloss kam ...

– ... und die schlafende Prinzessin weckte.

~ Komm, wir gehen ins Milchmeer.

– Aufs weiße Laken? Mit dem Schlamm am Körper?

~ Au ja! Wir waschen uns. Wasch mich! Seif mich ein!

– Ich dusch dich. Komm in die Dusche!

~ Und jetzt abtrocknen! Frottierst du mich?

– Womit denn?

~ Hier, nimm das. Kräftig rubbeln, ich bin überall nass. Nicht so zaghaft. Nicht so wild!

– Was willst du denn?

~ Jetzt stell dich hin und lass dich trocken reiben! So is gut. Hinterm Ohr noch feucht? Gut, machen wir. Zufrieden? Vorläufig? Okay, und jetzt ins Milchmeer.

– Ja, ins Kingsize-Milchmeer. Ins daunenweiche Himmelbett mit dem großen, blütenweißen Laken ... Wo sind eigentlich die anderen?

~ Frag mich nicht.

418. Der große Autor schrieb und schrieb.

Und er erschuf eine Welt nach der anderen. Dann sah er auf das Geschriebene und fühlte: Ich bin der Schöpfer, der leibhaftige Schöpfer. Ich erschaffe meine Welt, und jedes Wort von mir wird Gestalt, jedes Wort wird Gesetz, wird zu Figuren, Schauplätzen, Schicksal. Jedes Wort erfüllt den Raum, die Zeit, erschafft den Raum, die Zeit. Wie viel Raum und Zeit und Figuren habe ich schon erschaffen – im Schaffensrausch.

Er lehnte sich zurück, betrachtete stolz sein Werk und sah, dass es gut war. Und er legte eine Pause ein, eine schöpferische Pause. In dieser Pause gewann er Abstand zu seiner Schöpfung. Er betrachtete die Figuren und Schicksale aus der Ferne, und er begann sich zu wundern. Er wunderte sich, was er alles erschaffen hatte, wie viel Einzelheiten im Schicksal, wie viel verzweigtes Gefühl, wie viel kindische Freude über Nichtigkeiten, wie viele Augenblickliche der Not, wie viel hart Erfahrenes, ewig scheinendes Elend, was doch auch wieder flüchtig war und der nächsten Glückssträhne wich, wie viel Eitelkeiten und Flüchtigkeiten, wie viele hohle Sätze und Phrasen, wie viel Missverständnis unter den Helden und selbst in den Köpfen der scheinbar Weisen ...

Ach, er wunderte sich. – Wie hatte er jemals solchen Lächerlichkeiten, solchem flüchtigen Eintagsfliegengeklecker solche Wichtigkeit abgewinnen, solche erhabene Größe und Schicksalsgewalt beimessen können? Eitelkeit, Eitelkeit, alles ist eitel, und es gibt nichts Neues unter der Sonne ...

Nachdem er sich derart zurückgelehnt, zögerte er, von neuem zu schaffen, sich von neuem derart ins Zeug zu legen, von neuem in Rausch zu geraten, von neuem dem Kitzel des Größenwahns zu erliegen, sich von neuem an der heimlichen Freude des Autors und Königs, des absoluten Diktators und Schöpfers seiner Welt zu berauschen und bis zum Wahnwitz überschatten zu lassen.

Nein, er wollte dem Schöpfungsrausch nicht mehr verfallen, wollte nicht Sklave seiner eigenen Eingebung werden, wollte nicht seine weite, beschaulich-stille Gesamtschau diesen flüchtigen, nichtigen, winzigen, nach Sekunden schon wieder zu Staub zerfallenden Einzelheiten opfern, nein und abermals nein!

Jetzt war die Zeit des Betrachtens, des stillen Beobachtens seiner Welt. Es galt zu sehen, ob es gut war, zu schaffen oder geschaffen zu haben, oder ob es nicht besser gewesen wäre, die wunderbar weißen, anfangs unbefleckten, undefinierten, grenzenlos offenen, alle Möglichkeiten enthaltenden Blätter Papier nicht einfach weiß und unbefleckt zu lassen. Es galt, seiner Schöpfung zu lauschen und deren Kunstgenuss zu bewerten.

Er lauschte der Musik seiner Schöpfung. Er hörte das Straßenhupen, die Schreie der Fußgänger auf den elfspurigen Autostraßen São Paulos, das Keuchen der Affen auf den Kokospalmen im ceylonesischen Minuwangoda, hörte das Stöhnen der Geisha Shin Tao im Mandarin Hotel, Zimmer 894 in Taipei, das Schluchzen des verirrten Touristen in der Tropfsteinhöhle von Porto Christo auf Mallorca, hörte das auf die Badezimmerfliesen fallende Anleitungsbuch für klinisch hygienischen Selbstmord der sich ins Herz stechenden Münchner Schauspielerin Lisa Labach, und seine Augen weiteten sich vor Erschütterung.

Er hielt die Hände vor die Augen, drückte die Handballen tief in die Augenhöhlen, um die Bilder aufzuhalten, die ihm überreichlich vor Augen traten. Aber je schwärzer es von außen vor seinen Augenlidern wurde, desto klarer und plastischer wurden die inneren Bilder. Er sah schmerzverzerrte Münder, hochnäsig nach rechts unten blickende Augen, wollüstig vorgeschobene Lippen, zornig angeschwollene Schläfenadern, hart geballte, weich geöffnete und inständig bittende Hände ... Und es wurde ihm zu viel Zuvielzuviel.

Die Bilder ließen nicht ab. Die Geräusche schwollen an wie immer lauter pochender Herzschlag. Er fühlte den Puls seiner Schöpfung in seinen eigenen Adern klopfen und hämmern, Gerüche von mildem Jasmin über Flieder und Erdbeereis bis Salzsäure und Ammoniak drangen ihm in die Nase. Er wusste nicht, wie er sich wehren sollte gegen derartige Reizüberflutung.

Indisches Marktplatzgewühl, wie Ölsardinen zusammengepresste Leiber, und es presst immer dichter zusammen, die Menschen werden nach oben, über die Menge gedrückt, weil von den Seiten immer mehr Nachschub kommt. Die über die Menge gequetschte Traube wird größer und größer, wächst wie ein Krebsgeschwür, bäumt sich und schäumt über den Markt, über die Lehmhütten, über die Häuser und Hochhäuser von Neu Delhi, Häuser und Landschaften werden überdeckt mit einer zäh sich ausbreitenden Soße wimmelnder Menschen.

Der Menschenbrei überflutet den Kontinent, wächst in die Meere und schließt sich wie ein Knotennetz rund um den Erdball. Der Planet riecht nach Schweiß, die Ausdünstung dampft ins All und umnebelt das Sonnensystem. Mit Herzbeklemmung atmet unser Schöpfer, zieht die Luft tief ein und bläst in den Nebel.

War das die Welt, die er schuf? Lohnte sich all die Mühe? War es nicht reine Selbstsucht, das zu erschaffen? Eitelkeit, Geltungsdrang, Selbstlob, Spiel mit der Macht? Er setzte ein Wort, und sein Wort ward Gesetz, schuf

Leben und Schicksal. Aber konnte er das Schicksal auch wieder beenden? Den Lärm mit Alkohol und Watte von der Platte wischen? Alle Audiobänder mit einem starken Magneten wieder löschen?

Wie schön, wie erstrebens-, begehrenswert wäre ein Neubeginn, ein Beginn, der auf nichts zurückgriff, der im weißen, reinen Schnee begann, ohne Fußspur voriger Besucher.

Die Augen des großen Autors beginnen zu leuchten, werden groß und strahlend, wie er das oberste Blatt seines frisch geschriebenen Manuskriptes ergreift, es leicht in der Hand zerknüllt, genüsslich jedes Knittergeräusch in sich saugend, dann ein Schwefelhölzchen ergreift, es gefühlvoll an die Reibefläche hält, schwungvoll seinen Ellbogen spannt und mit dem Feuereifer eines Golfspielers über die Fläche reibt.

Der Schwefelkopf zündet, die Flamme, innen blau, außen gelb, dazwischen fast dunkel und durchsichtig, nähert sich der unteren linken Ecke des eingeknickten Papiers, dann hört er das Geräusch, das erlösende, das das harte Stück Papier zur Demut krümmt, bis es sich windet als schwarze, poröse Kruste, die immer mehr an Zusammenhalt verliert und schließlich in leichten, zerbröckelten, mürbe gewordenen Flocken zum Himmel steigt.

Das Gesicht des Autors, ihr hättet es sehen sollen, wie gelöst seine Züge, wie herbstlich erfüllt sein Blick, wie entspannt sein Zurücklehnen war. Endlich: Die ersehnte Ruhe war erreicht.

Anfangszeilen alphabetisch

Weitere Bücher von Jan Müller

Rik Veda Neuntes und Zehntes Mandala aus dem vedischen Sanskrit neu übersetzt

Der älteste überlieferte Ausdruck indoeuropäischer Sprache und Kultur, interpretiert im Licht von Maharishis Vedischer Wissenschaft und Technologie und eigener Meditations-erfahrungen. Diese Übersetzung bewahrt so weit wie möglich die poetischen Eigenheiten des Urtextes, damit das Klären und Fließen von Soma – dem Ambrosia der Götter und dem Met der Dichter – auch im deutschen Text deutlich zu spüren ist. Mit ausführlichem Nachwort über die Bedeutung und die einmalige Klangstruktur des vedischen Urklangs.

250 Seiten, Taschenbuch, ISBN 978-3945004135

Reich über Nacht – wunderwahre Geschichten

Eine Laune des Schicksals scheint den Mönchen in den Blauen Bergen die märchenhafte Möglichkeit zu eröffnen, über Nacht steinreich zu werden. Wenn sie nur wüssten, ob sie dem Braten trauen können. Da hat einer die Idee, wie sie ihren Reichtum auch ohne äußere Hilfe sicherstellen können: Um ein würdiges Mitglied im Millionärsklub zu werden, muss jeder beweisen, dass er die Kunst der Hochfinanz beherrscht, zu lügen wie gedruckt, und eine wunderwahre Geschichte erzählen, ohne sich beim Lügen ertappen zu lassen. D er muntere Geschichtenwettbewerb findet abrupt sein Ende, als ein Ereignis die Weltgeschichte erschüttert, das die wahre Kunst der Hochfinanz in ihrem vollen Ausmaß offenbart.

198 Seiten, Taschenbuch, ISBN: 978-3945004067

Sidhapower an der Mauer – Gedichte aus historischem Anlass

Vor der Wiedervereinigung Deutschlands organisierte die TM-Bewegung in Deutschland zahlreiche Veranstaltungen, um die Einheit und den Zusammenhalt der Bevölkerung zu stärken und die Mauer zu Fall zu bringen. Dieser Gedichtband fasst Jan Müllers Festreden zusammen, die als Grußbotschaft der deutschen Puruscha-Gruppe zu verschiedenen TM-Anlässen in den letzten Jahrzehnten des vergangenen Jahrhunderts entstanden sind. Weitere Gedichte zu privaten und festlichen Anlässen geben einen lebendigen Einblick in den bunten Alltag einer dauerhaften Meditationsgruppe.

294 Seiten, Taschenbuch, ISBN 978-3945004173

Suche im Ring des Wissens – Roman

Auf der Suche nach seinem gekidnappten Halbbruder reist Danni in den „Ring des Wissens", ein geheimes Sperrgebiet, das die vedische Mandalastruktur zwischen Manifest und Unmanifest widerspiegelt. Dabei gerät er zwischen die Fronten eines Geheimrings, der die Ringformel kennt, mit der man das ganze Universum verschwinden und erscheinen lassen kann. Die eine Partei huldigt dem Dunkeldrachen und will die Menschheit ausrotten, damit der Schädling Homo sapiens nicht auf andere Planeten überspringt. Die andere Partei will dem Menschen hel- fen, seine angeborenen Erbanlagen zu entfalten, damit er wieder im Einklang mit Mutter Erde lebt und aufhört, ein Schädling zu sein.

351 Seiten, Taschenbuch, ISBN 978-3945004180

Polepole auf Schatzsuche: Ein Märchen der Morgenröte mit Brettspiel »Fahrt zum Spiegelsee«.

Als das Gold im Bergwerk erschöpft ist, verlieren alle Goldgräber ihre Arbeit, und das ganze Dorf beginnt zu hungern. Der kleine Polepole aber hofft noch immer, im Inneren des Berges Schätze zu finden. Er macht sich auf in das verlassene Bergwerk und entdeckt dort ein Zauberreich, den Inneren Urwald, wo er wilde Abenteuer bestehen muss, bevor ihn seine Reise nach Innen zum Ziel seiner Wünsche führt.

40 farbige Seiten, Paperback 21 x 27 cm,
ISBN 978-3945004128.

Patañjalis Yoga-Sutra – Yogakraft durch Samadhi & Sidhis

Im Yoga-Sutra, dem klassischen Werk über Yoga, fasst Patañjali den Sinn menschlichen Daseins in 195 prägnanten Sutras zusammen. Sie sind als Lehrplan und Gedächtnisstütze für den Wissenden gedacht und lassen sich in weniger als einer halben Stunde rezitieren. Sein Telegrammstil und die Vieldeutigkeit der Sanskrit-Begriffe führen dazu, dass das Yoga-Sutra immer wieder neu übersetzt und dabei aufgrund der persönlichen Erkenntnisse und Erfahrungen der Autoren verschieden gedeutet und erklärt wird. In der Übersetzung dieser Ausgabe wird der Stichwortcharakter der Sutras beibehalten und der erklärende Kommentar durch Beispiele eigener Erfahrungen aus über 50 Jahren praktischer Anwendung der Yoga-Techniken veranschaulicht.

325 Seiten, Taschenbuch ISBN 9783945004272
Hardcover ISBN 9783945004289